Der Gute Mensch von Sezuan

METHUEN'S TWENTIETH CENTURY GERMAN TEXTS

METHUEN'S TWENTIETH CENTURY TEXTS

Bertolt Brecht

Der gute Mensch von Sezuan

Edited by

MARGARET MARE

Methuen Educational Ltd

LONDON · TORONTO · SYDNEY · WELLINGTON

Copyright 1955 *by Suhrkamp Verlag, Berlin,*
all rights reserved
Copyright in all countries signatory to the Berne Convention
This school edition first published in Great Britain 1960
Introduction, Notes etc. © 1960
Margaret Mare
Reprinted 1965
Reprinted 1968
Reprinted 1971
Reprinted 1973
Reprinted 1974
by Methuen Educational Ltd
11 *New Fetter Lane, London EC4P 4EE*
Reproduced and Printed in Great Britain by
Lowe & Brydone (Printers) Ltd.,
Thetford, Norfolk
ISBN 0 423 82050 8

Contents

Publisher's Note

This school edition is published by arrangement with Suhrkamp Verlag, to whom our thanks are due. All rights reserved.

Acknowledgement

I wish to thank Messrs Methuen and Mr John Willett for allowing me to see his book, *The Theatre of Bertolt Brecht*, when it was still in the proof stage. It was of the greatest use to me, and Mr Willett himself was most helpful. I should also like to thank Mrs K. P. K. Whitaker, Reader in Classical Chinese at the University of London, for so kindly answering my questions about the Chinese background of *Der Gute Mensch von Sezuan*.

Introduction

LIFE

Bertolt Eugen Friedrich Brecht was born in Augsburg on February 10th, 1898, shortly after his father had moved there from the Black Forest to become Managing Director of an important factory. In the biographical poem, *Vom armen B.B.*, written in 1921, Brecht tells us:

Ich, Bertolt Brecht, bin aus den schwarzen Wäldern.
Meine Mutter trug mich in die Städte hinein,
Als ich in ihrem Leibe lag. Und die Kälte der Wälder
Wird in mir bis zu meinem Absterben sein.

In der Asphaltstadt bin ich daheim. Von allem Anfang
Versehen mit jedem Sterbsakrament.
Mit Zeitungen. Und Tabak. Und Branntwein
Mißtrauisch und faul und zufrieden am End.

The comforts of life, ironically called by Brecht the 'last sacraments', were those with which the upper middle class of his youth was 'fortified'. His parents were well-to-do and could give him a good education at the Realgymnasium. That they had him well instructed in the tenets of the Lutheran Church is made clear in his works by the deep influence of the Bible and of the protestant chorale, of which he parodied some of the best known, such as 'Ein feste Burg' and 'Nun danket alle Gott'. When once asked what work had influenced him most, he answered, 'The Bible. Don't laugh.' At school the Latin teaching made an indelible mark on Brecht, and we find him later turning to classical subjects in such poems as *Der Schuh des Empedokles* and in his plays *Die Horatier und die Kuriatier* and *Das Verhör des Lukullus* or his unfinished novel on Julius Caesar. The literature of his own country does not seem to have been so well presented, for he developed so unreasonable an antipathy to Goethe that he could speak of 'die Scheußlichkeiten des *Tasso*'. By the time he had reached the Prima Brecht was, indeed, questioning all the accepted canons of the Kaiser's Germany and he risked expulsion for the pacifist views expressed during the 1914-18 war, when patriotic fervour was at its height, in an essay on *Dulce et decorum est pro patria mori*, which were just as shocking to German Studienräte as Shelley's views on the Trinity had been to Oxford dons. Brecht's early work, however, proved more acceptable elsewhere, and from the age of sixteen he contributed verses and essays to the *Augsburger Neueste Nachrichten*.

In 1917 Brecht went up to the University of Munich, where he read medicine and philosophy. At the end of 1918 he began his military service as a medical orderly in an Augsburg hospital. His experiences as a member of the Medical Corps during the last year of the war with its terrible sacrifices in human life deepened Brecht's pacifism. It found expression in the grim ballad, the *Legende vom toten Soldaten*, where a dead soldier is exhumed and dressed up in all the panoply of war, because the Kaiser still needs soldiers. Two medical corps men hold him up, as they march through the moonlit villages:

> *So viele tanzten und johlten um ihn,*
> *Daß ihn keiner sah.*
> *Man konnte ihn einzig von oben noch sehn,*
> *Und da sind nur Sterne da.*

Die Sterne sind nicht immer da,
Es kommt ein Morgenrot:
Doch der Soldat, so wie er's gelernt,
Zieht in den Heldentod.

This unpatriotic work, incidentally, caused Brecht to be placed on the Nazi blacklist as far back as the time of the Hitler-Ludendorff beercellar putsch in 1923.

During his schooldays and as a Munich student Brecht had collected round him a circle of friends with the same aesthetic interests. The two friendships which were perhaps the most important were those with Caspar Neher, who later proved to be a brilliant stage designer and helped produce several of Brecht's plays, and with Lion Feuchtwanger, whose contacts with literary and stage circles procured for Brecht an introduction to the Munich theatre world and led to his engagement after he went down from the University in 1921 as *Dramaturg* to the Munich Kammerspiele, a subsidiary of the Schauspielhaus. This post, which involved the reading and adaptation of plays, provided Brecht with invaluable practical experience of the theatre. This bore fruit in the award in 1923 of the Kleist prize for his play *Trommeln in der Nacht*, produced in Munich in September and in Berlin in December, 1922. After his production in Munich of his adaptation of Marlowe's *Edward II* in 1924 Brecht gained a foothold in the Berlin stage world and was appointed assistant *Dramaturg* in Max Reinhardt's Deutsches Theater. Carl Zuckmayer, who held a similar position under Reinhardt, wrote of those days in *Theaterstadt Berlin* (1948):

Brecht seldom turned up there; with his flapping leather jacket he looked like a cross between a lorry driver and a Jesuit seminarist. . . . the season's programme must be regulated entirely according to his theories, and the stage be rechristened 'epic smoke-theatre', it being his view that people might actually be disposed to think if they were allowed to smoke at the same time. As this was refused him, he confined himself to coming and drawing his pay.

In spite of some divergence from Reinhardt's views, Brecht realised that this was a great decade in the German theatre and watched with interest Reinhardt's production of Shaw's *Saint Joan*, Goldoni, Pirandello, Molière and Shakespeare. However, Brecht realised that the bourgeois theatre was not his sphere; he did not stay long with Reinhardt and two years later was helping Erwin Piscator run his experimental theatre group.

In *Vom armen B.B.* Brecht expresses the sense of transitoriness felt by the German intellectual in the years after the first World War, with their political alarms and excursions and ever worsening inflation:

> *Wir wissen, daß wir Vorläufige sind,*
> *Und nach uns wird kommen: nichts Nennenswertes.*

Brecht's refuge from this world of insecurity was, apart from his work, the society of men and women of advanced literary circles and the hypnotic fascination of the great sports stadium. One wonders whether this vicarious interest in sport might not have been a compensation for the 'all work and no play' system of the German Gymnasium of Brecht's boyhood?

It was during the Berlin years that some of the most fruitful collaboration for Brecht's work for the theatre began, that with the musician Kurt Weill, which culminated in the popular *Dreigroschenoper*, and with Frau Elisabeth Hauptmann as literary assistant. After the dissolution of an earlier marriage, Brecht in 1928 was married to Helene Weigel, one of the most talented actresses of our times. Lion Feuchtwanger wrote in the Brecht memorial publication of *Sinn und Form* that his wife 'war ihm eine fanatische Helferin'. One is tempted to compare this marriage with that of Hebbel to Christine Enghaus, another Austrian actress of great talent and a tolerance of outlook remarkable in the mid-nineteenth century. It is significant that both dramatists wrote plays where a female character takes the centre of the stage—Hebbel's *Herodes und Mariamne*, *Agnes Bernauer* and *Gyges und sein Ring;* Brecht's *Die Mutter*, *Die Heilige Johanna der Schlachthöfe*, *Mutter Courage* and *Der gute Mensch von Sezuan*.

It was after the *Dreigroschenoper* had proved to be one of the big international hits of the 1920's that Brecht, to his honour, refused to exploit this success and allow himself to lapse into a mere popular entertainer. Instead he opened his eyes fully to the dangerous political situation into which the world was drifting. The fascination of the Anglo-Saxon, and particularly the American, world, 'unser, jedermann bekannter, unverwechselbarer Jugendfreund', as he calls it in 1929 in *Verschollener Ruhm der Riesenstadt New York*, gives way to disillusionment at the time when big business men caused grain to be thrown into the Pacific in a starving world.

> *Welch ein Bankrott! Wie ist da*
> *Ein großer Ruhm verschollen! Welch eine Entdeckung:*
> *Daß ihr System des Gemeinlebens denselben*
> *Jämmerlichen Fehler aufwies, wie der*
> *Bescheidenerer Leute!*

Like many of the intellectuals of the late 1920's and 1930's, Brecht saw in communism the only palliative the evils of a capitalist society. His was certainly that type of communism which comes not so much of hard-headed intellectual calculation, though he had made a thorough study of Marxist doctrine, as of that love of the underdog which is expressed again and again in his works, from the time of the early *Arbeiterdichtung*, dealing with such subjects as the troubles of the poor, of prostitutes, and of coolies, who, themselves starving, pull barges loaded with rice. During his exile Brecht wrote a poem, *Verjagt mit gutem Grund*, which can be taken to refer not so much to his being 'chased out' of Nazi Germany as from the world of bourgeois conventionality:

> Ich bin aufgewachsen als Sohn
> Wohlhabender Leute. Meine Eltern haben mir
> Einen Kragen umgebunden und mich erzogen
> In den Gewohnheiten des Bedientwerdens
> Und unterrichtet in der Kunst des Befehlens. Aber
> Als ich erwachsen war und um mich sah
> Gefielen mir die Leute meiner Klasse nicht,
> Nicht das Befehlen und nicht das Bedientwerden.
> Und ich verließ meine Klasse und gesellte mich
> Zu den geringen Leuten.
> So
> Haben sie einen Verräter aufgezogen, ihn unterrichtet
> In ihren Künsten, und er
> Verrät sie dem Feind—
> Verjagt mit gutem Grund.

The immediate result of Brecht's adoption of the communist creed was the series of propaganda plays written during the last years of the Weimar republic.

It was hardly likely that the Brecht family would be *~na grata* with the Nazi régime, and in February 1933 ~nt into exile, in the course of the summer settling in Denmark, while in 1935 Brecht was deprived of German citizenship. In spite of the fact that his existence was sometimes a hand-to-mouth one and that he was compelled to do pot-boiling work, such as collaborating in a ballet and in films for which he felt little creative urge, the years of exile certainly helped Brecht to reach his full stature as a dramatist. He had now become an international figure and gained much from contact with writers in other countries, as he moved from Denmark to Sweden, from Sweden to Finland, from Finland to the U.S.A. In 1935 he visited Moscow for the first showing there of his film *Kuhle Wampe*, and there he saw the Chinese actor, Mei-Lan-Fang, who stimulated the interest he already had in the Chinese theatre. During the fourteen years of exile from Germany Brecht wrote most of his plays which seem likely to be of enduring value. His works were often acted by amateur dramatic societies or students; but his name was also recalled to a wider public by the première in Zürich of *Mutter Courage* in 1941 and of *Galileo Galilei* and *Der gute Mensch von Sezuan* in 1943.

In 1941 Brecht was granted a visa for the U.S.A., to which he travelled by the Trans-Siberian railway, using his blocked earnings in the U.S.S.R. to pay his fare. Although he enjoyed his collaboration with Charles Laughton on an English translation of *Galileo*, Brecht was not happy in the Hollywood atmosphere:

> *Jeden Morgen, mein Brot zu verdienen,*
> *Gehe ich auf den Markt, wo Lügen gekauft werden.*
> *Hoffnungsvoll*
> *Reihe ich mich ein zwischen die Verkäufer.*

Those who remember Brecht in the U.S.A. note that, not only did he earn bread, but enough money to keep himself in drinks and in the somewhat rank brand of cigars to which he was addicted.

After testifying before the un-American activities committee in Washington in October 1947, Brecht was able to leave for Switzerland, where he had the satisfaction of seeing Helene Weigel act for the first time since 1938 in the role of *Antigone* in his highly individual reshaping of Hölderlin's translation from Sophocles. At last in October 1948 Brecht succeeded in reaching East Berlin. Since he was not allowed to travel through the American zone of West Germany, he had to resort to an application for Austrian citizenship, which enabled him to travel via Austria and Czechoslovakia.

If Brecht the playwright had reached his apogee in the years of exile, Brecht the producer saw the realisation of his slowly matured and highly original theories of dramatic production during the last eight years of his life in Berlin. From the moment when Helene Weigel gave her first memorable and deeply moving performance in the name part of *Mutter Courage* at the Deutsches Theater in East Berlin in January 1949, he went from strength to strength. Soon the Berliner Ensemble was formed, and Helene Weigel proved to be as good an organiser as she was an actress. For the first time in his life Brecht had an absolutely free hand, with lavish financial backing from the state, and in March 1954 the company was able to move into its own theatre Am Schiffbauerdamm. In spite of the fact that many of Brecht's admirers in the non-communist countries were alienated by his statements in support of the Socialist Unity Party after the anti-communist riots in 1953, it was about this time that appreciative articles about his work began appearing in the British and French press. It was only in 1956 that an article appeared in a Zürich paper, quoted by Martin Esslin in *Brecht: a choice of evils*; this proved beyond

doubt that Brecht's pronouncement which caused such indignation in the west was the last sentence of a long letter written by him to Ulbricht. Torn by the censor from its critical context, it could not fail to produce this effect. However, this does not mean that Brecht was immune from the frequently divided mind of the communist intellectual of the period. His criticism of the west was just as biting in *Nicht so gemeint,* a poem written in 1953, as had been that of the D.D.R. in the Ulbricht letter:

Als die Akademie der Künste von engstirnigen Behörden
die Freiheit des künstlerischen Ausdrucks forderte
Gab es ein Au! und Gekreisch in ihrer näheren Umgebung,
aber alles überschallend
Kam ein betäubendes Beifallsgeklatsche
Von jenseits der Sektorengrenze

Freiheit! erscholl es. Freiheit den Künstlern
Freiheit ringsherum! Freiheit für alle!
Freiheit den Ausbeutern! Freiheit den Kriegstreibern!
Freiheit den Ruhrkartellen! Freiheit den Hitlergenerälen
Sachte, meine Lieben!

The poem concludes:
Selbst die schmalsten Stirnen
In denen der Friede wohnt
Sind den Künsten willkommener als jener Kunstfreund
Der auch Freund der Kriegskunst ist.

It is indeed difficult to bite the hand that feeds you, and can we blame a man who had been cast about from one land to another for turning a blind eye on the shadier side of a régime which allowed him to live in a quiet flat in Berlin and to put into practice the dramatic theories which were his very life? The fact that during these years Brecht wrote nothing of great literary value may point

17

to a certain reluctance to shine a light into the inmost recesses of his mind. Can he have been, like his own Galileo, outwardly acquiescing so that he may live on for the sake of Science to complete the *Discorsi*? The cause may equally well have been that Brecht was a tired man, soon to be attacked by a serious illness of which he died on August 14th, 1956. In a speech commemorating Brecht (*Sinn und Form*), given at the theatre by Konrad Farner, he quotes a verse from the long narrative poem, *Die Erziehung der Hirse*, because he considers it to be the most fitting epitaph for its author:

> *Laßt uns so mit immer neuen Künsten*
> *Ändern dieser Erde Wirkung und Gestalt*
> *Fröhlich messend tausendjährige Weisheit*
> *An der neuen Weisheit, ein Jahr alt.*
> > *Träume! Goldenes Wenn!*
> > *Laß die schöne Flut der Ähren steigen!*
> > *Säer, nenn*
> > *Was du morgen schaffst, schon heut dein eigen!*

But surely there is more of that great man, Bertolt Brecht, in his testament *An die Nachgeborenen*?:

I

Wirklich, ich lebe in finsteren Zeiten!
Das arglose Wort ist töricht. Eine glatte Stirn
Deutet auf Unempfindlichkeit hin. Der Lachende
Hat die furchtbare Nachricht
Nur noch nicht empfangen.

Was sind das für Zeiten, wo
Ein Gespräch über Bäume fast ein Verbrechen ist.
Weil es ein Schweigen über so viele Untaten einschließt!
Der dort ruhig über die Straße geht,
Ist wohl nicht mehr erreichbar für seine Freunde,
Die in Not sind?

Es ist wahr: ich verdiene noch meinen Unterhalt.
Aber glaube mir: das ist nur ein Zufall. Nichts
Von dem, was ich tue, berechtigt mich dazu, mich sattzuessen.
Zufällig bin ich verschont. (Wenn mein Glück aussetzt,
Bin ich verloren.)
Man sagt mir: Iß und trink du! Sei froh, daß du hast!
Aber wie kann ich essen und trinken, wenn
Ich dem Hungernden entreiße, was ich esse, und
Mein Glas Wasser einem Verdurstenden fehlt?
Und doch esse und trinke ich.

Ich wäre gerne auch weise.
In den alten Büchern steht, was weise ist:
Sich aus dem Streit der Welt halten und die kurze Zeit
Ohne Furcht verbringen.
Auch ohne Gewalt auskommen,
Böses mit Gutem vergelten,
Seine Wünsche nicht erfüllen, sondern vergessen,
Gilt für weise.
Alles das kann ich nicht
Wirklich, ich lebe in finsteren Zeiten!

II

In die Städte kam ich zur Zeit der Unordnung,
Als da Hunger herrschte.
Unter die Menschen kam ich zur Zeit des Aufruhrs,
Und ich empörte mich mit ihnen.
So verging meine Zeit,
Die auf Erden mir gegeben war.
Mein Essen aß ich zwischen den Schlachten.
Schlafen legte ich mich unter die Mörder,
Der Liebe pflegte ich achtlos,
Und die Natur sah ich ohne Geduld.
So verging meine Zeit,
Die auf Erden mir gegeben war.

Die Straßen führten in den Sumpf zu meiner Zeit.
Die Sprache verriet mich dem Schlächter.
Ich vermochte nur wenig. Aber die Herrschenden
Saßen ohne mich sicherer, das hoffte ich.
So verging meine Zeit,
Die auf Erden mir gegeben war.

Die Kräfte waren gering. Das Ziel
Lag in großer Ferne.
Es war deutlich sichtbar, wenn auch für mich
Kaum zu erreichen.
So verging meine Zeit,
Die auf Erden mir gegeben war.

III

Ihr, die ihr auftauchen werdet aus der Flut,
In der wir untergegangen sind,
Gedenkt,
Wenn ihr von unseren Schwächen sprecht,
Auch der finsteren Zeit,
Der ihr entronnen seid!

Gingen wir doch, öfter als die Schuhe die Länder wechselnd,
Durch die Kriege der Klassen verzweifelt,
Wenn da nur Unrecht war und keine Empörung,
Dabei wissen wir doch:
Auch der Haß gegen die Niedrigkeit
Verzerrt die Züge.
Auch der Zorn über das Unrecht
Macht die Stimme heiser. Ach, wir
Die wir den Boden bereiten wollten für Freundlichkeit,
Konnten selber nicht freundlich sein.
Ihr aber, wenn es soweit sein wird,
Daß der Mensch dem Menschen ein Helfer ist,
Gedenkt unsrer
Mit Nachsicht.

BRECHT'S WORK

(a) *The early Phase* (1918—1928)

The war of 1914-18 was the last war from which quite a considerable number of people emerged with a belief that it had been fought to bring about a better world. They were very quickly to be disillusioned, particularly in Germany, where the seemingly stable Kaiser's empire had collapsed like a pack of cards, leaving a chaos of socialist revolutionary movements, soon to be followed by reactionary putsches and the horrors of inflation. The effect of all this on the young left-wing intelligenzia to which Bert Brecht belonged was to make them question every accepted canon of social life and literary theory as being part of the set-up which had brought Germany to such a pass. Instead of looking up reverently to Goethe and the other great classic poets, they regarded the past with fresh eyes and were the first to recognize the stature of Kleist and to rescue Büchner from the comparative obscurity of a short paragraph in a history of literature. From the latter, and through him from the *Sturm und Drang* dramatists, the young Brecht inherited a preference for prose drama and the division of his plays into a series of scenes rather than the conventional five act structure.

During the early part of the twentieth century the tradition of the Paris *chansonnier* had reached Germany, and a school of young poets, the most notable being Wedekind, used it to produce bitter social criticism in the form of witty satirical verse to be declaimed or sung. Their poetry appealed to high- and lowbrow and still does, as we can see from the recent publication (1956) in Germany of a cheap edition of Erich Kästner's verses of this type. Mr. Willett writes:

It is neglected in many respectable anthologies, and it is something for which we in England have no equivalent. One has to imagine a combination of Sagittarius, Mr. Auden and Mr. Paul Dehn writing for a kind of highbrow (also clean) cabaret that we have unfortunately never evolved. (John Willett: *The Theatre of Bertolt Brecht*).

This tradition was also absorbed by Brecht, who set many of his early poems to music and sang them in shrill tones to the guitar. His models were often the type of popular ballads sung at fairs, like the fantasies of the kitchen-maid who daydreams of being carried off by a ship with eight sails, which has been bombarding the town:

> *Und das Schiff mit acht Segeln*
> *und mit fünfzig Kanonen*
> *Wird entschwinden mit mir.*

It is said that Brecht used to sing his ballads in this way in bars in Munich and Augsburg, and when one thinks of the guitar provided for the use of clients in mountain huts and inns in South Germany and Austria, this seems nothing so out of the ordinary. At any rate, it is what Brecht makes *Baal* (1918), the hero of his first play, do.

On this foundation of the post-war Germany Brecht has imposed in *Baal* a superstructure of French symbolism, absorbed from his avid reading of Rimbaud and Villon, and to a lesser degree of Verlaine, in translation. Baal, a drunk and ruthless poet and singer, is the epitome of the chaotic world in which his creator lived. He seduces a seventeen-year-old girl, who drowns herself, and drifts aimlessly through the country with his friend Ekart, among tramps and in nightclubs, drinking and fighting. The play is full of cheap cynicism and disgusting images and scenes:

22

Aber die Liebe ist auch wie eine Kokosnuß, die gut ist, solange sie frisch ist, und die man ausspeien muß, wenn der Saft ausgequetscht ist und das Fleisch bleibt über, welches bitter schmeckt.

or of willows at night:

Die Weiden sind wie verfaulte Zahnstumpen in dem schwarzen Maul, das der Himmel hat.

There is that absorption with the cloacal which marks the generation which in its childhood was taught a shamefaced reticence about all bodily functions. Baal sings a song:

> *Orge sagte mir; der liebste Ort*
> *Auf Erden war ihm immer der Abort.*
>
> *Dies sei ein Ort, wo man zufrieden ist*
> *Daß drüber Sterne sind und drunter Mist.*
>
> *Ein Ort sei einfach wundervoll, wo man*
> *Selbst in der Hochzeitsnacht allein sein kann.*

We occasionally escape from the midden to the wide sky and the stars, and Baal is allowed to die alone in a forest hut.

Trommeln in der Nacht (1918-20) had the most immediate appeal of all Brecht's early plays, for, though sometimes termed a 'comedy', it reproduced that poignant sense of despair and chaotic lack of purpose of the Berlin of the spartacist riots. It is the tragi-comedy of Kragler, the returning soldier, whose rosy dreams of home are annihilated when he comes on a Berlin short of food and jobs and stumbles on the betrothal party of Anna, his fiancée, with Murk, a well-to-do young man, from whom she is expecting a child. Already we see adumbrated the conflict between capitalism and socialism, for Anna slips away and follows Kragler into the 'Zeit-ungsviertel', the part of the city held by the Spartacists. As Manke, the waiter, anticipating the chorus or narrator of later Brecht plays, says:

Schon entschwindet sie, die in die Zeitungsviertel eilt. Wie ein weißes Segel ist sie noch sichtbar, wie eine Idee, wie eine letzte Strophe, wie ein berauschter Schwan, der über das Gewässer fliegt.

With *Im Dickicht der Städte* (1921-4) we enter the world of Anglo-Saxon gangsters and big-businessmen, which had such an unholy fascination for Brecht. During the years of contact with the occupation troops and of American economic aid there existed a strange love-hate relationship between many Germans and their con-querors. Moreover, the German, brought up on Karl May, whose Wild West fiction is said to transcend even Fenimore Cooper's, often had an unconscious sense that a very exciting world existed beyond the Atlantic. *Im Dickicht* is well named, for so complicated is the plot that the reader often feels that he is pushing his way through impenetrable jungle. Brecht felt impelled to add a note:

You are about to observe an incomprehensible wrestling-match between two humans . . . Do not worry unduly as to the motives of this struggle.

The two protagonists, George Garga, a young Chicago bookseller, and Schlink, an enigmatic Chinese timber-merchant with gangster friends, enter on a nightmare trial of strength, in the course of which we move from enticement of two girls, who for the time being are forced to become prostitutes, to lynching and arson. Brecht's preoccupation with sex and violence is as marked as it had been in *Baal*, and the stylistic influence is again

24

Rimbaud, as he himself acknowledges. For example, on an autumn day by Lake Michigan, one of the characters remarks:

> *Die Bäume wie mit Menschenkot behangen, der Himmel nah*
> *zum Langen, wie gleichgültig er mich läßt.*

With the adaptation of Marlowe's *Edward II* (1924), in collaboration with Feuchtwanger, for the Munich Kammerspiele, we come to the first of those bold reshapings of other authors' work, the justification for which is always a matter for controversy. They brought on Brecht the quip of the critic Tucholsky:

> *Who's the play by?*
> *The play's by Brecht.*
> *Then who's the play by?*

Nor did he scruple to do the same with his own work. Had the characters in the Edwardian *Drei Groschen Roman*, for instance, been given completely different names, its connection with the Dickensian *Dreigros-chenoper* would not be immediately obvious, while the tenuous link with Gay's *Beggar's Opera* would hardly be visible.

In the introduction to the *Aufbau* edition of *Stücke I* Brecht states that he and Caspar Neher

> wished to make possible a production which would break with the Shakespearean tradition common to German theatres: that lumpy monumental style which the Spießbürger so love.

He had come to prefer the more irregular iambic pentameters of the Schlegel-Tieck Shakespeare to the smooth ones of later translations, but he found himself more and more abandoning the iambic measure for freer and more

broken rhythms. Here are the first and final version of a
speech of Mortimer, given in *Über reimlose Lyrik mit
unregelmäßigen Rhythmen* (*Versuche* 12):

Seit sie die Trommeln rührten überm Sumpf
Und um mich Roß und Katapult versank,
Ist mir verrückt mein Kopf. Ob alle schon
Ertrunken sind und aus und nur mehr Lärm hängt
Leer und verspätet zwischen Erd und Himmel? Ich
Sollt nicht so laufen.

> *Seit diese Trommeln waren, der Sumpf, ersäufend*
> *Katapult und Pferde, ist wohl verrückt*
> *Meiner Mutter Sohn Kopf. Keuch nicht! Ob alle*
> *Schon ertrunken sind und aus und nur mehr Lärm ist*
> *Hängend noch zwischen Erd und Himmel? Ich will*
> *auch nicht*
> *Mehr rennen.*

To English people, of course, *Edward II* is the acid test
for Brecht's adaptations. Anyone who knows his
Marlowe is probably not happy to find that Piers
Gaveston has become the Irishman 'Danny' Gaveston
and that he plays whist in the early fourteenth century.
Nor do we see why we should have an Archbishop of
'Winchester'. In fact, of the original Marlowe only about
one twentieth of the play remains.

Mann ist Mann (1924-6) is notable as the play showing
most strongly the stylistic influence of the Kipling of
Barrack Room Ballads. Brecht's admiration for Kipling
shows the value of the judgment of the impartial
foreigner as against that of the compatriot whose
political antipathies may cloud his aesthetic sense, as was
largely the case with Brecht's English contemporaries.
The chorus of the 'Song von Witwe Begbick's Trink-
salon' is Germanised Kipling:

Von Delhi bis Kamatkura
Und wenn man einen lang nicht sah
Der saß in Witwe Begbick's Tank.
Mit Toddy, Gum und hai, hai, hai
Am Himmel vorbei, an der Höll entlang,
Mach das Maul zu, Tommy, halt den Hut fest, Tommy,
Auf der Fahrt vom Sodabergchen bis zum Whiskyhang.

The background of *Mann ist Mann* is as chaotic as that of most of the early Brecht plays. Queen Victoria is still on the throne in 1925, and the Indian temple looted by four tommies is a Tibetan pagoda with Chinese worshippers. One of the four soldiers gets left behind in the temple, where he is exploited as a miracle-working statue. The packer, Galy Gay, is forced to assume the missing man's identity by methods smacking both of modern psychology and the horseplay of the private soldier. After witnessing his own supposed execution and funeral, Galy Gay becomes the heroic soldier in frontier skirmishes. Brecht, in his introduction to the first volume of his collected plays, gives as its subject 'the false, bad collectivity (the "gang")' as opposed to the 'historically timely, genuine social collectivity of the workers.' Sheer knock-about farce as it is at times, *Mann ist Mann* is interesting as having in it the seeds of later developments in Brecht's work. Leokadja Begbick is a vivandière, a type which was to be perfected in *Mutter Courage*. It is here that Brecht first shows his interest in the dual personality, later pursued in *Die Heilige Johanna der Schlachthöfe* and in *Der Gute Mensch von Sezuan*. Through the mouth of Begbick:

Herr Bertolt Brecht behauptet: Mann ist Mann,
Und das ist etwas, was jeder behaupten kann.
Aber Herr Bertolt Brecht beweist auch dann

Daß man mit einem Menschen beliebig viel machen kann.
Hier wird heute Abend ein Mensch wie ein Auto ummontiert
Ohne daß er irgend etwas dabei verliert.

The widow Begbick had obviously caught Brecht's imagination, for she turns up again in the 'Epic Opera', *Aufstieg und Fall der Stadt Mahagonny* (1928-9), an expansion of the 'Songspiel' *Mahagonny* (1927), Brecht's first work written in collaboration with Kurt Weill. Later Brecht contemptuously called it a 'kulinarische Oper', that is to say a hotchpotch of varied elements thrown into the stockpot, but no one can deny its verve and originality, with its use of jazz as the folk-music of our times. In *Über reimlose Lyrik* Brecht writes: "Der Jazz bedeutete ein breites Einfließen volkstümlicher musikalischer Elemente in die neuere Musik." Its theme is that the boom town, Mahagonny, founded by Begbick, with its two gods, money and pleasure, has no future. The chorus of girls sings in music-hall English, 'O show us the way to the next whisky-bar', 'to the next pretty boy', 'to the next little dollar'; and the pleasure-seekers, while watching the course of a hurricane on a chart, sing:

> *So, wie wenn's einen Hurrikan gibt,*
> *So wollen wir immer leben*
> *Wollen tuen nur, was uns beliebt*
> *Denn es kann einen Hurrikan geben.*
> *Jeden Tag*
> *Wenn es mag*
> *Kann er uns an das Leben.*

The chart, loud-speakers, placards with contradictory slogans, are all part of the Brechtian technique, derived to some extent from Piscator. Amazingly, in *Mahagonny*, Scene XI, (also in *Hundert Gedichte*) appeared a lyric of limpid purity and classical form:

28

Die Liebenden

Seht jene Kraniche in großem Bogen!
Die Wolken, welche ihnen beigegeben,
Zogen mit ihnen schon, als sie entflogen
Aus einem Leben in ein andres Leben.
In gleicher Höhe und mit gleicher Eile
Scheinen sie alle beide nur daneben,
Daß so der Kranich mit der Wolke teile
Den schönen Himmel, den sie kurz befliegen,
Daß also keines länger hier verweile
Und keines andres sehe als das Wiegen
Des andern in dem Wind, den beide spüren,
Die jetzt im Fluge beieinander liegen.
So mag der Wind sie in das Nichts entführen,
Wenn sie nur nicht vergehen und sich bleiben,
So lange kann sie beide nichts berühren,
So lange kann man sie von jedem Ort vertreiben.
Wo Regen drohen oder Schüsse schallen
So unter Sonn und Monds verschiedenen Scheiben
Fliegen sie hin, einander ganz verfallen.
Wohin, ihr?—Nirgend hin.—Von wem davon?—
Von allen.

With the *Dreigroschenoper* (1928) Brecht and Weill
had evolved a light-handed burlesque which enjoyed an
immediate success. From Gay's *Beggar's Opera* Brecht took
over only about one tenth of the dialogue, but what
mattered to him and Weill was the 'ballad opera' form,
which was by them to be translated into a modern
idiom. The ballads themselves are largely inspired by
Villon. The operatic orchestration of *Mahagonny* is here
scaled down to a band of eight musicians, and dialogue
and songs are kept firmly apart. The cast were actors
rather than musicians, though they had to be actors

versed in the cabaret technique to give point to words, now racy and now nostalgic, and their neat, clever melodies. In Brecht's notes to the *Dreigroschenoper* '*Über das Singen der Songs*', he writes:

> Nothing is more revolting than when the actor pretends not to notice that he has left the level of plain speech and started to sing. The three levels— plain speech, heightened speech and singing—must always remain distinct.

Mr. Willett (*Op. cit.*) adds this comment: "Music here becomes a kind of punctuation, an underlining of the words, a well-aimed comment giving the gist of the action or the text. And this remains its prime function in all Brecht's plays."

The borrowings from Gay are in the *Dreigroschenoper* not in the least disturbing, as were those from Marlowe in *Edward II*. The setting has moved from the eighteenth century to a Dickensian underworld, and Gay's slighter satire of the contemporary scene has given place to a much more articulate social criticism, which is there for those who like to seek it beneath the witty dialogue and songs. This is what Brecht invites his audience to do. When placards are let down from the flies, for instance, he invites them to assume the attitude 'des Rauchend-Beobachtens', for smoking will prevent a spectator from being drawn 'in den Bann' (put under the spell) of the acting. The obviously spurious nature of the happy ending, for instance, when the public can see how 'Die großen Diebe werden beschenkt, die Kleinen gehängt', should make him reflect on the meaning of social justice. In the finale to Act II the conclusion is:

Denn wovon lebt der Mensch? Indem er stündlich
Den Menschen peinigt, auszieht, anfällt, abwürgt und frißt!

Nur dadurch lebt der Mensch, daß er so gründlich
Vergessen kann, daß er ein Mensch doch ist.
Ihr Herren, bildet euch nur da nichts ein:
Der Mensch lebt nur von Missetat allein!

and:

Verfolgt das kleine Unrecht nicht, in Bälde
Erfriert es schon von selbst, denn es ist kalt.
Bedenkt das Dunkel und die große Kälte
In diesem Tale, das von Jammer schallt.

Zieht gen die großen Räuber jetzt zu Felde
Und fällt sie allesamt und fällt sie bald!
Von ihnen rührt das Dunkel und die Kälte.
Sie machen, daß dies Tal von Jammer schallt.

(b) *Brecht's Dramatic Theories*

Before surveying the last two phases of Brecht's development as a playwright, it will help us to examine his contribution to the aesthetic of the theatre, which he was beginning to formulate in the later twenties of the century.

We have already seen that men such as Wedekind and Piscator had reacted against the bourgeois theatre and that Brecht followed them in looking for new ways of theatrical production. Shakespeare and his later German interpreters, such as Lessing, Herder and Schiller, had freed the German theatre of the unities of time and place. In our century another Aristotelian dictum was to be questioned, the katharsis, which Hegel has called 'ein Wohlsein und sich wohl sein lassen des Bewußtseins'. Brecht, in *Kleines Organon für das Theater* (1949), in which he expresses the theories matured over a number of years, described the typical European audience

as staring in a tranced condition at the stage—indeed, the
the better the actor, the worse this state of trance:

> Alles, worauf es den Zuschauern in diesen Häusern
> ankommt, ist, daß sie eine widerspruchsvolle Welt mit
> einer harmonischen vertauschen können, eine nicht
> besonders gekannte mit einer träumbaren.

It was to prevent this identification of the emotions with
those of the actors and to stimulate thought about what
these were trying to convey that Piscator had used such
devices as placards, film-strips, visible lighting effects
and music and that Brecht had continued these practices.
Thus evolved the idea of an 'epic' theatre, which meant
the consecutive linking together of events, rather than a
play confined by the unities. It was bound to have something in common with film technique, and it is perhaps
significant that the twenties were the great period of the
Russian and German silent film.

In the notes given to *Aufstieg und Fall der Stadt
Mahagonny* (1928-9), Brecht for the first time formulates
the difference between the epic and dramatic theatre:

Dramatische Form des Theaters	Epische Form des Theaters
Die Bühne verkörpert einen Vorgang	sie erzählt ihn
verwickelt den Zuschauer in eine Aktion	macht ihn zum Betrachter
und verbraucht seine Aktivität	aber weckt seine Aktivität
ermöglicht ihm Gefühle	erzwingt von ihm Entscheidungen
vermittelt ihm Erlebnisse	vermittelt ihm Kenntnisse

Dramatische Form des Theaters	*Epische Form des Theaters*
der Zuschauer wird in die Handlung hineinversetzt	er wird ihr gegenüber gestellt
es wird mit Suggestion gearbeitet	es wird mit Argumenten gearbeitet
die Empfindungen werden konserviert	bis zu Erkenntnissen getrieben
der Mensch wird als bekannt vorausgesetzt	der Mensch ist Gegenstand der Untersuchung
der unveränderliche Mensch	der veränderliche und veränderte Mensch
Spannung auf den Ausgang	Spannung auf den Gang
eine Szene für die andere	jede Szene für sich
die Geschehnisse verlaufen linear	in Kurven
natura non facit saltus	facit saltus
die Welt, wie sie ist	die Welt, wie sie wird
was der Mensch soll	was der Mensch muß
seine Triebe	seine Beweggründe
das Denken bestimmt das Sein	das gesellschaftliche Sein bestimmt das Denken

To sum up, the spectator should not wait to have his interest aroused when in the theatre, but he should come in a receptive mood, which will there find satisfaction. Similarly, the actor in the epic theatre is dynamic rather than static and 'läßt . . . seine Figur vor den Augen des Zuschauers entstehen durch die Art, wie er sich benimmt'. Brecht considers Chaplin to be such an actor.

The 'epic theatre' is a term used by other playwrights also, but the 'Verfremdungseffekt' or 'V-Effekt' (devices to produce a state of alienation or disillusion—the French 'distantation' expresses it better) is a term invented in 1935 by Brecht, though it applies to devices used by him earlier:

> Eine verfremdende Abbildung ist eine solche, die den Gegenstand zwar erkennen, ihn aber doch zugleich fremd erscheinen läßt. Das antike und mittelalterliche Theater verfremdete seine Figuren mit Menschen-und Tiermasken, das asiatische benutzt noch heute musikalische und pantomimische V-Effekte. (*Kleines Organon*, Paragraph 42).

This is to some extent a further development of the attitude demanded by the epic theatre, and many of the devices recommended are the same as those already found in the earlier plays. It is significant that the term *V-Effekt* is first used by Brecht after his visit to Moscow in 1935, so that it appears to be a straight translation of a Russian term meaning 'device for making it strange', used by the dramatist Shklovsky (quoted by Mr. Willett, *Op. cit.* from Victor Erlich: *Russian Formalism*, pp. 150-1).

As these ideas evolve, Brecht has more frequent recourse to the chorus or commentator, who breaks in on the action, comments on it or poses a question for the audience to think out for itself. This is, of course, not entirely new, for Schiller, in his plea for the revival of a classical chorus, says:

> Denn das Gemüt des Zuschauers soll auch in der heftigsten Passion seine Freiheit behalten; er soll kein Raub der Eindrücke sein, sondern sich immer klar und heiter von den Rührungen scheiden, die er erleidet. [*Über den Gebrauch des Chors in der Tragödie*).

Brecht, however, goes beyond Schiller in expecting the audience to exercise their own judgment. We shall find this standpoint of special importance when we come to examine Brecht's didactic plays.

In the *Kleines Organon* Brecht summarises the ripe experience which enabled him to create in the Berliner Ensemble one of the finest theatre companies in Europe.

> Um V-Effekte hervorzubringen, mußte der Schauspieler alles unterlassen, was er gelernt hatte, um die Einfühlung des Publikums in seine Gestaltungen herbeiführen zu können. Nicht beabsichtigend, sein Publikum in Trance zu setzen, darf er sich selber nicht in Trance versetzen . . . [Paragraph 47).

The actor must not *be* the character he is portraying, but be able to preserve enough detachment to observe what is happening to this character, so that he will be on the stage 'in zweifacher Gestalt'. "Das Selbstverständliche wird in gewisser Weise unverständlich gemacht, das geschieht aber nur, um es dann um so verständlicher zu machen," as would be the case of a man becoming aware of his mother for the first time as a wife when he gets a stepfather; or a boy seeing his teacher prosecuted by the law. Both would be receiving a V-Effekt. As further examples of the V-Effekt Brecht gives, in *Die Kurze Beschreibung einer neuen Technik der Schauspielkunst, die einen Verfremdungseffekt hervorbringt* (9. Versuch), Lear tearing up a map of Britain as he divides his kingdom, thus casting light on feudal tenure and family ideology, and Helene Weigel as *Maria Stuart* using the crucifix she wears round her neck as a fan in a very coquettish manner. Nor must the actor identify himself with the incidental songs, which are 'die musikalischen Adressen as das Publikum' and are just as much a means of keeping the audience alert and detached as are the changes of lighting, placards, films and other devices.

The 'star' system was of course anathema to Brecht, and his view is that:

> Die Auslegung der Fabel und ihre Vermittlung durch geeignete Verfremdungen ist das Hauptgeschäft des Theaters . . . Die 'Fabel' wird ausgelegt, hervorgebracht und ausgestellt vom Theater in seiner Gänze, von den Schauspielern, Bühnenbildnern, Maskenmachern, Kostümschneidern, Musikern und Choreographen. Sie alle vereinigen ihre Künste zu dem gemeinsamen Unternehmen, wobei sie ihre Selbständigkeit freilich nicht aufgeben. [*Kleines Organon*, Paragraph 70).

Almost more interesting than Brecht's theoretical writings are the accounts of how the V-Effekt and this brilliantly successful team work were achieved in the culminating years of his work as a producer. Before a play went into rehearsal Brecht would work out long dialogues between himself and a questioner in which every theoretical and practical problem was broken down until complete clarity was achieved. When one thinks of the abstract nature of German thinking, this is indeed an achievement. At the early rehearsals such devices were employed as making the actors change parts, speak in their local dialects, interpolate stage directions into their speeches, or turn their parts into the past tense or reported speech (The German subjunctive is certainly much more calculated to produce a V-Effekt than other forms of *oratio obliqua*). That Brecht was also successful in inspiring the non-acting elements of his Ensemble with the same team spirit we learn from the account given by the stage technicians in the memorial number of *Sinn und Form* of his friendliness and understanding and appreciation of their work.

As far as décor was concerned, all Brecht's efforts were

concentrated on getting away from the baroque settings of the Reinhardt stage, which were exaggerated into a lush heaviness during the Nazi period. There should of course be nothing to distract the audience's attention from the content of the play, and Brecht was a great enemy of the pretentious symbolism of the expressionist movement. Such properties as there were, however, must be genuine, as Brecht stresses in his poem, *Die Requisiten der Weigel*, where he shows all her properties to have been hand-picked for her purpose:

> *Wie der Hirsepflanzer für sein Versuchsfeld*
> *Die schwersten Körner auswählt und fürs Gedicht*
> *Der Dichter die treffenden Wörter, so*
> *Sucht sie die Dinge aus, die ihre Gestalten*
> *Über die Bühne begleiten . . .*
> . . . .
> . . . . *alles*
> *Ausgesucht nach Alter, Zweck und Schönheit*
> *Mit den Augen der Wissenden*
> *Und den Händen der brotbackenden, netzstrickenden*
> *Suppenkochenden Kennerin*
> *Der Wirklichkeit.* (Schriften zum Theater, p. 276)

In the same way, an actor must learn to do actions, such as plucking a hen (*Mutter Courage*) or scrubbing a man's back (*Puntila*), as if he had practised them all his life, for the epic theatre demands above all 'Irdischkeit', that is to say a down-to-earth technique.

(c) *The Didactic Phase*
(i) THE COMMUNIST LEHRSTÜCKE

> *Lob des Kommunismus*
> *Er ist vernünftig, jeder versteht ihn. Er ist leicht,*
> *Du bist doch kein Ausbeuter, du kannst ihn begreifen.*

37

Er ist gut für dich, erkundige dich nach ihm.
Die Dummköpfe nennen ihn dumm, und die Schmutzigen
nennen ihn schmutzig.
Er ist gegen den Schmutz und gegen die Dummheit.
Die Ausbeuter nennen ihn ein Verbrechen.
Aber wir wissen:
Er ist das Ende der Verbrechen.
Er ist keine Tollheit, sondern
Das Ende der Tollheit.
Er ist nicht das Rätsel,
Sondern die Lösung.
Er ist das Einfache,
Das schwer zu machen ist.

Such were the conclusions to which Brecht had come after an intensive study of Marxism, and for him they were an essential part of his equipment as a dramatist. In *Kleines Organon* he states:

So ist die Wahl des Standpunkts ein anderer Hauptteil der Schauspielkunst, und er muß außerhalb des Theaters gewählt werden (Paragraph 56)

and:

. . . Ohne Wissen kann man nichts zeigen . . . Will der Schauspieler nicht Papagei oder Affe sein, muß er sich das Wissen der Zeit über das menschliche Zusammenleben aneignen, indem er die Kämpfe der Klassen mitkämpft . . . (Paragraph 55)

Brecht decided to write short plays to propagate his beliefs at a very propitious moment. In 1927 Paul Claudel, fresh from six years' service as French Ambassador in Tokyo, was asked by Reinhardt to write a script to be put to music by Richard Strauss. This came to nothing, but *Christophe Colomb* with Darius Milhaud's music was performed in 1930 at the Berlin State Opera. It seems possible that thus the Japanese *No* plays impinged on Brecht. From them Claudel had taken the chorus which interrupts the action and voices the views of the audience (*Nous sommes la postérité! Nous sommes le jugement des hommes!*), and the stylised manner, enabling the dramatist to pose big moral problems so simply that they can be comprehended by all. Compare *Christophe Colomb* (Gallimard, p. 47-8):

Le Chœur: *Passe la limite! Passe la limite avec nous!*
Christophe Colomb: (*passant la limite et occupant la place qui lui a été préparée*) *J'ai passé la limite*

and

Das Radio: *Hier ist der Apparat*
Steig ein
Drüben in Europa erwartet man dich
Der Ruhm winkt dir.
Lindbergh: *Ich besteige den Apparat*

At about the same time Brecht also got to know Waley's translations of Japanese plays.

It was also during the years of the Weimar republic that popular music and drama festivals, often with a left-wing slant, flourished. It was for these, 'which envisage the collective practice of art' and are 'designed to clarify the ideas of the authors and of all those taking part' (*Anmerkungen zur Oper*) that Brecht wrote the *Lehrstücke* of the late 1920's and early 1930's. In them the amateur performers learned as they rehearsed. One notable consequence is that these festivals brought Brecht into contact with the composer Hanns Eisler, who was already using his outstanding talents to help the communist cause by setting songs for the party and who at this time wrote the music for *Die Maßnahme*. This paved the way for fruitful collaboration during the years of exile; for Brecht had, perhaps, outgrown Weill and was conscious of a deeper affinity with the more serious composer, like himself often harking back to the chorale and folk-song, though also recognizing Jazz as the idiom of our times.

The first two *Lehrstücke*, *Ozeanflug* (first written under the title *Lindberghflug* as a radio feature for young people, but changed when Lindbergh proved politically unreliable) and *Badener Lehrstück* are not specifically communist. The former deals with the first flight over the Atlantic and the latter with the fate of four crashed airmen; the theme of both is man and his reactions to technological progress. It is in their form, with the argumentative chorus and dialogue showing the impress of dialectical materialism, that they fall into line with the communist plays.

Whether one can describe *Der Jasager* as a play by Brecht is doubtful. When Frau Elisabeth Hauptmann translated four of Arthur Waley's *No Plays of Japan* into German, Brecht in 1930 turned *Taniko* into the school opera *Der Jasager*, annexing almost all of Waley's text. Both Waley and Brecht begin:

> I am a teacher. I keep a school in one of the temples in the City. I have a pupil whose father is dead; he has only his mother to look after him. Now I will go and say goodbye to them, for I am starting on a journey to the mountains.

Instead of allowing all those facts to take their time to emerge in an expository Act I, Scene I, it is as simple as that, and from this time on this will be Brecht's favourite technique to introduce characters to us. The widow's son joins his teacher and fellow-pupils on a journey to fetch medicine, which is available beyond the mountains, to fight an epidemic. The boy falls ill and acquiesces in allowing his comrades to hurl him down from the rocks, as has been the custom, so that they may not be hampered by carrying him and thus many lives be risked instead of one.

What is interesting is the effect of *Der Jasager* on the boys of a Berlin Gymnasium. After performing it, as our children might Britten's *Let's make an Opera*, they were all, from the Prima to the Sexta, asked to record their criticisms, and as a result Brecht consented to write *Der Neinsager*, giving the play a happy ending, in which his comrades acquiesce in the sick boy's arguments for breaking with custom and allowing him to survive.

> *So nahmen die Freunde den Freund*
> *Und begründeten einen neuen Brauch*
> *Und ein neues Gesetz*
> *Und brachten den Knaben zurück.*
> *Seit an Seit gingen sie zusammengedrängt*
> *Entgegen der Schmähung*
> *Entgegen dem Gelächter, mit offenen Augen*
> *Keiner feiger als sein Nachbar.*

Die Maßnahme is, perhaps, the most didactic of all the plays. A *Kontrollchor* enunciates and comments on the principles of communism, as four political agitators report in a series of acted flash-backs on the errors of a comrade, who had accompanied them to China. After he had imperilled their mission to bring about a communist revolution by speaking too openly to the coolies, quarrelling with the bourgeois and disclosing their true objectives too soon, they decide to kill him, and he acquiesces in their decision. When the young comrade tears up the teachings of the classics, they say:

> *Zerreiße sie nicht! Wir brauchen sie*
> *iede einzelne. Sieh doch die Wirklichkeit!*
> *Deine Revolution ist schnell gemacht und dauert einen Tag*
> *und ist morgen abgewürgt.*
> *Aber unsere Revolution beginnt morgen*
> *siegt und verändert die Welt.*
> *Deine Revolution hört auf, wenn du aufhörst.*
> *Wenn du aufgehört hast*
> *geht unsere Revolution weiter.*

Die Ausnahme und die Regel is a grim tale of a suspicious merchant, attempting to cross a desert in Mongolia with a guide and a coolie. After he has sent the guide back for being too friendly with the coolie, he and the latter lose their way and run short of water. The merchant takes the water-bottle, which the altruistic coolie is offering him, to be a weapon and shoots him down. He is acquitted on the grounds that he could not have known that the coolie was an exception to the rule by which the underdog must necessarily wish to get his own back against a cruel employer:

Der Richter: *Die Regel ist: Auge um Auge!*
> *Der Narr wartet auf die Ausnahme.*
> *Daß ihm sein Feind zu trinken gibt*
> *Das erwartet der Vernünftige nicht.*

Der Führer: *In dem System, das sie gemacht haben*
> *Ist Menschlichkeit eine Ausnahme.*
> *Wer sich also menschlich erzeigt*
> *Der trägt den Schaden davon.*

Although Brecht wrote no such expressly propaganda plays after this period, *Die Tage der Commune* (1948-9), hardly one of Brecht's masterpieces, fits better into this category than into any other. It tells the story of the

Paris Commune of 1871, seen through the eyes of the man in the street. Its technique may have been influenced by Büchner's *Dantons Tod*, though it lacks the vigour of the latter.

(ii) THE HIGH LIGHTS OF THE PROPAGANDA PHASE

Although *Die Mutter* (1930-1) was intended, like the *Lehrstücke*, for amateur production, with a background of sacking on a metal framework and a cinema screen for slogans and photographs, it belongs to a very different category. *Die Mutter* is a conclusive argument that propaganda writings can be great art. Taken from Gorki's *Mother* and set in Russia between 1905 and 1917, it traces the conversion of the illiterate Pelagea Wlassowa to the communist creed. We watch her evolution from the frightened woman who is unwilling to have illegal pamphlets hectographed in her house and who only distributes them to save her son Pawel from danger, to the inspired communist who cannot spare time to prepare food for Pawel when he comes to see her on his flight from Siberia to Finland, because she must get an issue of an illegal paper printed in time for distribution. Pelagea has learnt to read, so as to understand better her communist doctrine and to propagate it more effectively, rather in the spirit of the illiterate christian convert who wishes to read and preach the Bible. Pawel is caught and shot, but Pelagea, though beaten up by the police for her activities, converts many of the women to pacifism during the 1914-18 war, and we last see her carrying the red flag in a great anti-war demonstration. The play ends with her triumphant words:

> *Wenn die Herrschenden gesprochen haben*
> *Werden die Beherrschten sprechen.*
> *Wer wagt zu sagen: niemals!*

An wem liegt es, wenn die Unterdrückung
bleibt? An uns.
An wem liegt es, wenn sie zerbrochen wird?
Ebenfalls an uns.
Wer niedergeschlagen wird, der erhebe sich!
Wer verloren ist, kämpfe!
Wer seine Lage erkannt hat, wie soll der
aufzuhalten sein?
Denn die Besiegten von heute sind die Sieger
von morgen
Und aus niemals wird: heute noch!

It is significant that when *The Mother* was produced in
New York in 1935 with all the adjuncts of the conventional theatre it pleased neither the American public nor
Brecht himself. It led to his writing over fifty pages of
notes to explain his objectives, when the play appeared in
his works. He tried to make clear the objections to
'Einfühlung' in the 'nicht-aristotelische Dramatik' by
contrasting the American attempt to make the audience
'lose themselves' with the interpretation of Helene
Weigel, who spoke the No-style opening sentences of
the play as if they were written in the third person and
never tried to make the audience think that she really
was Wlassowa. Of the captions projected on to the back
of the stage Brecht says:

Die Projektionen sind keineswegs einfache mechanische
Hilfsmittel im Sinne von Ergänzungen, keine Esels-
brücken; sie nehmen keine Hilfsstellung für die
Zuschauer ein, sondern Gegenstellung; sie vereiteln
seine totale Einfühlung, unterbrechen sein mechan-
isches Mitgehen.

Thus Bacon's words, "Knowledge is power", are pro-

44

jected during the scene where Pelagea learns to read and Marx's dictum, "Religion ist Opium für das Volk", for the scene in which the hypocrisy of the landlady who offers the Mother a bible after Pawel's death is contrasted with Pelagea's restrained suffering and dignity. Whether a product of the 'epic' theatre and an exponent of communist theory or not, Pelagea Wlassowa is the deeply moving creation of a true poet.

In spite of the fact that in the western half of Europe some prejudice exists against Brecht as a communist author, the Russians appear to have been strangely backward about acclaiming him as a great communist propagandist and acting his plays. The truth is that Brecht was an artist who had every intention of going his own way and had no desire to follow the party line of 'Socialist Realism' with its cloying optimism and retrograde artistic forms.

Although *Die Heilige Johanna der Schlachthöfe* (1929-31) was begun earlier than *Die Mutter*, it seemed more appropriate to deal with it afterwards, because the latter belongs to the specifically communist plays, while *Die Heilige Johanna* is more of an indictment of American Big Business than a closely argued case for socialism. Brecht took certain elements from an unsuccessful play called *Happy End* by Elisabeth Hauptmann, for which he had written lyrics, and round it built a play 'to show the present evolutionary state of Faustian man'. Pierpont Mauler, the Meat King, is a divided personality with 'zwei Seelen' in his breast. He shrinks from no ruthless action to corner the meat market, but at the same time he feels instinctively drawn to Johanna Dark, the otherworldly member of the 'schwarzen Strohhüte', used here as a symbol for the ethics of christianity, as Bernard Shaw used the Salvation Army in *Major Barbara*.

Johanna begins as the typical preacher, telling the starving meat-workers that God's word, 'wie Milch und Honigseim', should mean more to them than food, clothes and the movies and that they remain poor because they have' keinen Sinn für das Höhere'. By living among the workers and seeing how they are exploited, however, Johanna learns to see 'nicht der Armen Schlechtigkeit . . . sondern der Armen Armut', and she throws in her lot with them. Snyder, the leader of the Strohhüte and the representative of organised religion, is shrewd enough to see that Johanna is too much of an idealist to recognise the incompatibility of the aims of the bosses and workers and that she will be crushed between them; so he repudiates her. Because Johanna tries to restrain the strikers from violence and also because the capitalist press has taken her up as one who has impressed Mauler—'unsere liebe Frau vom Schlachthof, Johanna Dark'—she meets with suspicion from the workers too, falls fainting from hunger in the snow and is carried to the headquarters of the Strohhüte to die, in bitterness of spirit crying 'Ich habe nichts geändert'. Mauler is there, come to save the Strohhüte from bankruptcy with the money which Johanna has refused to take from him, as coming from a tainted source, and he and the Strohhüte drown her words and make her death a kind of apotheosis, as they cover her body with flags. As in Shaw's *Saint Joan*, those who had condemned her find it convenient to canonize her, so here the real cause for which the heroine had died is overlaid by religious emotion, as the Strohhüte sing:

> *Reich den Reichtum dem Reichen! Hosianna!*
> *Die Tugend desgleichen! Hosianna!*
> *Gib dem, der da hat! Hosianna!*

Stylistically *Die Heilige Johanna* is a play of varied interest. Brecht makes a wide use of parody of classical drama. He takes, for instance, the incident from Schiller's *Jungfrau von Orleans* where the Maid immediately singles out the Dauphin from the crowd, and here lets Johanna Dark fail to be taken in by a business associate's impersonation of Mauler. The business men talk in Shakespearian blank verse, while the last scene is a direct parody of the metres of the final scene of *Faust II*. Mauler says that the second, better, soul is awakened in his breast by the contemplation of Johanna:

> *das Reine,*
> *Ohne Fehle*
> *Unverderbte,*
> *Hilfsbereite.*

There are also the usual devices of the epic theatre, such as at the end a loud speaker announcing all the political happenings of the early thirties: the fall of the pound, the burning of Brazilian coffee, the Wall Street collapse; or the projection of such captions as

> *Der Schnee beginnt zu treiben*
> *Wer wird denn da bleiben?*
> *Da bleiben, wie immer so auch heut*
> *der steinige Boden und die armen Leut.*

The snow throughout the play appears to be a symbol for the hardships of the downtrodden.

(iii) PROPAGANDA AGAINST FASCISM

In *Unsere Zeit*, a clandestine paper circulated in Nazi Germany, Brecht wrote in 1935 *Fünf Schwierigkeiten beim Schreiben der Wahrheit*. It begins:

Wer heute die Lüge und Unwissenheit bekämpfen und die Wahrheit schreiben will, hat zumindest fünf Schwierigkeiten zu überwinden. Er muß *Mut haben*, die Wahrheit zu schreiben, obwohl sie allenthalben unterdrückt wird; die *Klugheit*, sie zu erkennen, obwohl sie allenthalben verhüllt wird; die *Kunst*, sie handhabbar zu machen als eine Waffe; das *Urteil*, jene auszuwählen in deren Händen sie wirksam wird; die *List*, sie unter diesen zu verbreiten.

In his section on the last named difficulty in writing the truth, that on cunning, Brecht recommends telling the truth under fictitious names. *Die Rundköpfe und die Spitzköpfe* (1931-4) was begun in Weimar Germany as an adaptation of *Measure for Measure*, and it retains the Shakespearian form, used by Brecht with his tongue in his cheek. In the Prologue, written in exile, the Direktor des Theaters says of the author:—

> *Da erfuhr er; durch die Länder geht*
> *Jetzt der große Schädelverteiler*
> *Das ist der Allerweltsheiler*
> *Der hat allerhand Nasen in seiner Tasche und verschieden-*
> *   farbige Haut*
> *Damit trennt er den Freund vom Freund und den Bräutigam*
> *   von der Braut.*
> *Denn er schreit aus auf dem Land und in der Stadt;*
> *Es kommt an auf den Schädel, den ein Mensch hat.*
> *Darum, wo der große Schädelverteiler war*
> *Schaut man dem Menschen auf Haut, Nase und Haar*
> *Und jeder wird geschlagen krumm und lahm*
> *Der den falschen Schädel von ihm bekam.*

The whole is, of course, a skit on the Nazi racial theories and a warning that Hitler's persecution of the Jews was diverting the minds of his working-class followers from the essential class struggle. Brecht's obsession with this Marxist theory made him a bad prophet, and at the end of the play he allows the 'haves', whatever may be the shape of their skulls, to unite against the 'have-nots'. However great may be the difference in skulls, there is one greater: "Es ist der Unterschied zwischen arm und reich."

The most notable thing about *Die Rundköpfe und die Spitzköpfe* is that its notes provide Brecht's first mention of 'Verfremdung':

> Bestimmte Vorgänge des Stückes sollten durch Inschriften, Geräusch-oder Musikkulissen und die Spielweise der Schauspieler—als in sich geschlossene Szenen aus dem Bezirk des Alltäglichen, Selbstver- ständlichen, Erwarteten gehoben, (*verfremdet*) werden.

Furcht und Elend des dritten Reiches (about 1935-8) is a series of sketches, showing up, now with biting humour, now with moving pathos, the people of Germany under the Nazi tyranny.

The last of the pre-war anti-fascist plays is the one-act *Die Gewehre der Frau Carrar*, a modern version of Synge's *Riders to the Sea*. During the Spanish Civil War Senora Carrar refuses to take sides and give up her dead hus- band's rifles to the Government party, until her fisherman son is carried in dead, killed by the machine-guns of Franco's men. At this Senora Carrar, her brother and younger son leave for the front, taking with them the hidden rifles. Brecht admits to having made of Frau Carrar a character in the Aristotelian tradition, whom the audience is permitted to regard not with 'Verfremdung' but with 'Einfühlung'.

It is rarely possible to arrange an author's work in

watertight, chronological boxes. Therefore it is here appropriate to note Brecht's three last anti-Nazi plays. *Der aufhaltsame Aufstieg des Arturo Ui* (1941) is called by Brecht a 'Parabelstück'. The gangster Arturo Ui (Hitler) and his man Giri (Goering) and Givola (Goebbels) get a footing in the greengrocery combines (government) of Chicago (Germany) and finally oust all other competitors. The audience is left in no doubt as to which episode in the history of the Nazis is being parodied, since between the scenes are shown placards announcing the burning of the Reichstag, the killing of Röhm, the invasion of Austria, and so forth. Ui reproduces the Hitler mannerisms, roaring 'Treiben Sie mich nicht zum Äußersten!' or 'Meine Langmut ist jetzt erschöpft', and he takes elocution lessons, as Hitler was known to have done to improve his Austrian accent, reciting 'Friends, Romans, countrymen!' As in *Die Heilige Johanna*, the magnates and gangsters speak pompous blank verse, and there is again parody of Goethe, where in imitation of the *Gartenszene* in *Faust I* Betty Dullfeet asks: 'Herr Ui, wie halten Sie's mit der Religion?'

Die Gesichte der Simone Machard (1941-3) is really only notable as again instancing Brecht's interest in the St. Joan story, for the writing is uninspired. Simone, a girl employed at an inn in Touraine during the German break-through in 1940, is inspired by her reading of the *Jungfrau von Orleans* and by the visions translating its episodes into modern counterparts to prevent her collaborationist employer from handing over all his stores of food and petrol to the Germans.

Brecht's last anti-Nazi play is probably the most effective, for he turns in his magpie fashion to Hašek's *The Good Soldier Schweik*, one of the few works of our century which he thought to be a masterpiece likely to

live. One must, however, regretfully confess that
Schweyk im zweiten Weltkrieg (1942-3) lacks the univer-
sality by which Hašek's great original transcended its
setting in the old Austrian Empire during World War I.
Now and then Brecht goes in for straight adaptation of
Hašek, turning the police into the Gestapo and substi-
tuting Hitler for the Austrian Emperor, but none of these
subjects lends itself to the same rollicking satire as the
old world of the Austrian army and officialdom. He is
most successful where he is most himself, as when he
introduces truly Brechtian lyrics and ballads, such as
Das Lied von der Moldau with its disillusioned refrain:

> *Das Große bleibt groß nicht und klein nicht das Kleine*
> *Die Nacht hat zwölf Stunden, dann kommt schon der Tag*

or the ballad *Und was bekam des Soldaten Weib?* Here, after
the soldier's wife has received fine things from each
conquered capital in turn, comes the fatal Russian
campaign:—

> *Und was bekam des Soldaten Weib*
> *Aus dem weiten Russenland?*
> *Aus Rußland bekam sie den Witwenschleier*
> *Zu der Totenfeier den Witwenschleier*
> *Das bekam sie aus Rußland.*

Brecht's special innovation is to permit a symbolic
meeting between Schweyk and Hitler on the wind-swept
Russian steppes. Hitler is hemmed in by the snow to
North and South, the reds to the East, while he does not
dare to go back to his own people in the West; so he is
open to Schweyk's final low taunt in Czech dialect:—

> *Ja, du kannst nicht zurick und kannst nicht nach vorn*
> *Du bist obn bankrott und bist untn verlorn*

Und der Ostwind is dir kalt und der Bodn is dir heiß
Und ich sags dir ganz offen, daß ich nur noch nicht weiß
Ob ich auf dich jetzt schieß oder fort auf dich scheiß.

(d) *The Plays of the Years of Exile*

There is no doubt that the years of exile, hard and galling as Brecht may have found them at times, provided a climate favourable to the maturing of his talent. During the Spanish Civil War and the years when the Nazi threat was growing, the Communist intellectual was regarded in the more liberal circles of countries where tolerance was the fashion as one within the pale. This milder atmosphere seems to have had its effect on Brecht and given him greater warmth in his approach to his creations and allowed him to tackle problems of general human interest. Mr. Willett writes (Op. cit):

> . . . Brecht often managed . . . to shed an unfamiliar light on our moral and social behaviour, illuminating, in his very personal way, that interesting and largely neglected area where ethics, politics and economics meet.

We shall leave out of consideration the radio play, *Das Verhör des Lukullus* (1938-9) and the opera text based on it and concentrate on the five big plays written between 1937 and 1945. Of these *Der gute Mensch von Sezuan* will be treated in a further section.

(i) LEBEN DES GALILEI

Set at a turning-point in the history of scientific development, the story of Galileo provides that ready-made dramatic conflict advocated by Hebbel for historical drama. Its theme is the belief in reason and the final victory of reason and truth, in spite of the momentary weakness of their advocate.

In the first scene the conversation between Galileo and the ten-year-old Andrea Sarti gives us a sense of the vigour and hopefulness of the renaissance world:

Und es ist eine große Lust aufzukommen, die Ursache aller Dinge zu erforschen

and:

die alte Zeit ist herum, und es ist eine neue Zeit . . . Denn wo der Glaube tausend Jahre gesessen hat, eben da sitzt jetzt der Zweifel.

This mood prevails throughout the scenes showing the opportunist Galilei acting on a report from Holland to construct a telescope and using it to establish the theories of Copernicus and the amusing encounter with the little Medici Duke, until the rising action culminates in the masked ball in Rome, which marks the height of Galileo's prosperity. All acclaim the Florentine Court Astronomer as the most brilliant scientist of the day; but the presence of servants of the Inquisition, taking down Galileo's words, is a sinister presage of what is to come. In spite of the fact that the papal astronomer, Clavius, has had to admit the truth of Galileo's views, they are condemned as heretical by the Holy Office, and he lies low for eight years, until the lure of scientific research proves too great for him. The popularising of Galileo's views is shown by a lively carnival scene, where mummers, to the laughter of the crowd at their quips, crudely represent in ballad style verse the theories of 'Galileo Galilei, der Bibelzertrümmerer'. Pope Urban VIII, formerly the scientifically inclined Cardinal Barberini, defends Galileo as *'der größte Physiker dieser Zeit, das Licht Italiens'*; but the Inquisitor knows the weakness of Galileo, the hedonist, and that he can make him recant. The Pope admits:

Er kennt mehr Genüsse als irgendein Mann, den ich ge-
troffen habe. Er denkt aus Sinnlichkeit. Zu einem alten Wein
oder einem neuen Gedanken könnte er nicht nein sagen.

Galileo's disciples, headed by Sarti, cannot believe in
the recantation of the man who had said:

Wer die Wahrheit nicht weiß, der ist bloß ein Dummkopf,
Aber wer sie weiß und sie eine Lüge nennt, der ist ein Ver-
brecher.

Thus when Galileo returns after his recantation, a
broken man, Andrea will not speak to him and goes
away, saying: *"Unglücklich das Land, das keine Helden*
hat!" words sadly amended by his master to *" Unglücklich*
das Land, das Helden nötig hat!"

Years later Sarti, before leaving for Holland, where he
hopes for freedom to pursue his scientific studies, comes
to visit the old, half-blind prisoner of the Inquisition.
When the old man, who seems at first sight more
interested in the goose he is to have for supper than in
anything scientific, produces a clandestine copy of the
Discorsi for Sarti to take over the frontier, the latter concludes that Galileo, in hiding the truth from his enemies,
was centuries in advance in the ethical as well as the
scientific sphere—better that hands should be sullied than
empty: *"Neue Wissenschaft, neue Ethik."* In Galileo's last
great speech many of the problems raised in the play are
answered:

Der Verfolg der Wissenschaft scheint mir . . . besondere
Tapferkeit zu erheischen. Sie handelt mit Wissen, gewonnen
durch Zweifel. Wissen verschaffend über alles für alle, trachtet
sie, Zweifler zu machen aus allen. Nun wird der Großteil der
Bevölkerung von ihren Fürsten, Grundbesitzern und Geist-

lichen in einem perlmutternen Dunst von Aberglauben und alten Wörtern gehalten, welcher die Machinationen dieser Leute verdeckt. . . . Ich halte dafür, daß das einzige Ziel der Wissenschaft darin besteht, die Mühseligkeit der menschlichen Existenz zu erleichtern . . . Ich hatte als Wissenschaftler eine einzigartige Möglichkeit. In meiner Zeit erreichte die Astronomie die Marktplätze. Unter diesen ganz besonderen Umständen hätte die Standhaftigkeit eines Mannes große Erschütterungen hervorrufen können. Hätte ich widerstanden, hätten die Naturwissenschaftler etwas wie den hypokratischen Eid der Ärzte entwickeln können, das Gelöbnis, ihr Wissen einzig zum Wohle der Menschheit anzuwenden! Wie es nun steht, ist das Höchste, was man erhoffen kann, ein Geschlecht erfinderischer Zwerge, die für alles gemietet werden können. . . . Ich habe meinen Beruf verraten. Ein Mensch, der das tut, was ich getan habe, kann in den Reihen der Wissenschaft nicht geduldet werden.

Then follows the characteristic remark of Galileo's pious daughter, Virginia: "*Du bist aufgenommen in den Reihen der Gläubigen*" and his "*Richtig.—Ich muß jetzt essen*", a V-Effekt underlining the weakness of Galileo the man as against the strength of Galileo the inventor.

This is a beautifully constructed play, begun and rounded off with the two Galileo-Andrea scenes (The last scene, where Sarti smuggles the *Discorsi* over the frontier is rather in the nature of an epilogue and is cut in the Berliner Ensemble production), and with the ups and downs of Virginia's match with a rich young man, finally broken off on Galileo's disgrace, used as a gauge to measure the reactions of the public to her father. It is a play of ideas, so there are speeches much longer than in most of Brecht's works, as for instance the two-page discourse of the scientific little monk. This is reminiscent of Shaw's technique. The language has a fine dignity and simplicity.

Brecht has written copious notes to *Galileo*, and we know that we are not to regard it as a tragedy, but as a play showing the birth-pangs of a new age. It was not intended as an attack on the Catholic Church, which is here represented as a secular power. Significantly, there was for centuries a popular belief that Galileo had *not* recanted; it might therefore be more appropriate to regard as the 'hero' of the play the 'Volk' who believed in him, rather than Galileo, that weak man, whom one cannot really either praise or condemn. When *Galileo* was first acted in the U.S.A. in 1947, it gained actuality by the importance to us today of the question of the responsibility of the scientist to the community.

(ii) MUTTER COURAGE UND IHRE KINDER
Based on an episode in Grimmelshausen's picaresque novel, *Simplicissimus*, *Mutter Courage* is set in the Thirty Years' War, which we never see from the point of view of the strategist, but of the vivandière, Anna Fierling, known as 'Mutter Courage', and of her three children. For her war is merely a time good for business, irrespective of victory or defeat:—

Wer ist besiegt? Die Sieg und Niederlagen der Großkopfigen oben und der von unten fallen nämlich nicht immer zusammen, durchaus nicht. Es gibt sogar Fälle, wo die Niederlag für die Untern eigentlich ein Gewinn ist für sie. Die Ehr ist verloren, aber nix sonst. (Mutter Courage, Scene 3)

All Mutter Courage's children come to a tragic end, and through their fate a picture of the horrors of the war gradually emerges. Eilif, pressed against his mother's will into joining the Swedish army, flourishes as long as theft with violence passes as a deed of heroism, but, committed again by Eilif during an armistice, it is recognized for what it is, and Eilif is condemnd to death. The second son, nicknamed Schweizerkas, has become attached to a Finnish regiment and is killed by the Imperial soldiers when he tries to save the regimental pay chest from their clutches. It is a tense and dramatic moment when his mother, confronted with his dead body, does not move a muscle, in order to save compromising herself or her daughter and losing the tilt-cart with their stock-in-trade.

The daughter, Katrin, is dumb, because a soldier had injured her mouth when she was a child. Mutter Courage's feelings are even more maternal towards the dumb Katrin than towards her sons. Although all Courage's own children have had a different father, she makes every effort to keep Katrin eligible for the match she hopes to buy for her with the spoils of war. When the regimental tart, later by the fortunes of war to become a Colonel's lady, sings 'Das Lied vom Fraternisieren', Courage's comment is: "Laß dirs also zur Lehre dienen, Katrin. Nie fang mir was mit Soldatenvolk an", so that she shall never go through Yvette's experiences:—

> *Ich war erst siebzehn Jahre*
> *Da kam der Feind ins Land,*
> *Er legte beiseit den Säbel*
> *Und gab mir freundlich seine Hand.*
> > *Und nach der Maiandacht*
> > *Da kam die Maiennacht*
> > *Das Regiment stand im Geviert*
> > *Dann wurd getrommelt, wies der Brauch*
> > *Dann nahm der Feind uns hintern Strauch*
> > *Und hat fraternisiert.*

In the sixth episode, when Katrin's looks are spoilt by a face wound inflicted by the soldiers, Mutter Courage is near to recognizing war for what it is, rather than a 'schöne Einnahmequell'. After the Feldprediger has described the funeral of Tilly, which is just taking place, as a 'historic moment', Courage answers bitterly:

> *Mir ist ein historischer Augenblick, daß sie meiner Tochter übers Aug geschlagen haben. Die ist schon halb kaputt, einen Mann kriegt sie nicht mehr . . . Den Schweizerkas seh ich nicht mehr, und wo der Eilif ist, das weiß Gott. Der Krieg soll verflucht sein.*

Katrin's death is one of the most moving scenes in the literature of this century and is one where Brecht will allow us to indulge in 'Einfühlung'. While Mutter Courage has gone into the protestant town, Halle, to buy up stores, Katrin has been left with the cart outside the city before a peasant's house. When the peasant's son has been commandeered by a catholic officer to guide his troops for a surprise attack on the city, the young man's parents, though knowing it means the slaughter of women and children, are afraid to make their way through the imperial troops to give the alarm. It is a moving sight when we see the old couple kneel down and pray in the language of the simple Lutheran of the seventeenth century:

> *. . . Vater unser, hör uns, denn nur du kannst helfen, wir möchten zugrund gehn, warum, wir sind schwach und haben keine Spieß und nix und können uns nix traun und sind in d'iner Hand mit unserm Vieh und dem ganzen Hof, und so auch die Stadt, sie ist auch in deiner Hand, und der Feind ist vor den Mauern mit großer Macht.*

Then suddenly we ask ourselves, is not this brand of

religion 'opium for the masses', while Katrin, the un-taught daughter of the vivandière, is playing a part as selfless as that of a christian martyr? She climbs on to a roof and beats a drum, until an Imperial officer shoots her down, but not before the alarm has been given and the population of the town saved. Almost more poignant than the actual death is the last scene, where Mutter Courage crouches beside her dead daughter and sings the lullaby:

> *Eia popeia*
> *Was raschelt im Stroh?*
> *Nachbars Bälg greinen*
> *Und meine sind froh.*
> *Nachbars gehn in Lumpen*
> *Und du gehst in Seid*
> *Ausn Rock von einem Engel*
> *Umgearbeit'.*

Then the indomitable woman leaves Katrin to be buried by the peasants and strains at the tow-ropes of her cart, as she hastens after the departing troops.

In Brecht's notes to the play (*Versuche* 9), he writes:

Die Courage . . . erkennt zusammen mit ihren Freunden und Gästen und nahezu jedermann das rein merkantile Wesen des Kriegs: das ist gerade, was sie anzieht. Sie glaubt an den Krieg bis zuletzt . . . sie lernt so wenig aus der Katastrophe wie das Versuchs-karnickel über Biologie lernt. Dem Stückschreiber obliegt es nicht, die Courage am Ende sehend zu machen—sie sieht einiges . . . am Ende der 6. Szene, und verliert dann die Sicht wieder—ihm kommt es darauf an, daß der Zuschauer sieht.

Here are the theme of the play and Brecht's aims in a nutshell.

The stylistic brilliance of *Mutter Courage* is great. So impregnated was Brecht with the Luther bible that the seventeenth-century style of Grimmelshausen has the effect not of pastiche but of completely natural speech. In the lyric interpolations parody of the fine seventeenth-century chorale preponderates:

> Ihr Hauptleut, laßt die Trommel ruhen
> Und laßt eur Fußvolk halten an;
> Mutter Courage, die kommt mit Schuhen
> In denen es besser laufen kann
> Mit seinen Läusen und Getieren
> Bagage, Kanone und Gespann—
> Soll es euch in die Schlacht marschieren
> So will es gute Schuhe han.
>> Das Frühjahr kommt. Wach auf, du Christ!
>> Der Schnee schmilzt weg. Die Toten ruhn.
>> Und was noch nicht gestorben ist
>> Das macht sich auf die Socken nun.

Brecht varies his style, however, to suit the occasion. In Mutter Courage's *Lied von der Großen Kapitulation* he harks back to the cabaret style of his youth, with the spoken interpolations:—

> Einst, im Lenze meiner jungen Jahre
> Dacht auch ich, daß ich was Besondres bin.
> (Nicht wie jede beliebige Häuslertochter, mit meinem Aussehn und Talent und meinem Drang nach Höherem!)
> Und bestellte meine Suppe ohne Haare
> Und von mir, sie hatten kein Gewinn.
> (Alles oder nix, jedenfalls nicht den Nächstbesten, jeder is seines Glückes Schmied, ich laß mir keine Vorschriften machen!)

Doch vom Dach ein Star
Pfiff: wart paar Jahr!
  Und du marschierst in der Kapell
  Im Gleichschritt, langsam oder schnell
  Und bläsest deinen kleinen Ton:
  Jetzt kommt er schon.
  Und jetzt das Ganze schwenkt!
  Der Mensch denkt: Gott lenkt
  Keine Red davon!

Then we have the real folk-song in the lullaby sung over the dead Katrin and in the song providing a lyric interlude before the death scene, beginning:

  Uns hat ein Ros ergetzet
  Im Garten mittenan.

In the construction of *Mutter Courage* the episodic film technique is used, with captions on a half-curtain between the scenes to show the audience what is happening in the Thirty Years War. In the production by the Berliner Ensemble one is struck by the absolute realism of the costumes and properties. Mutter Courage and Katrin wear bulky clothes, designed to keep them warm and which have obviously been through many campaigns. The tilt-cart is made for rough roads and cart-tracks. A brilliant use is made of the revolving stage, when at the end of every episode first the two boys, then the mother and daughter, and finally the solitary Mutter Courage, pull on the tow-ropes, straining forwards, as they move in contrary direction to the stage, thus giving the effect of an interminable walking on and on.

(iii) HERR PUNTILA UND SEIN KNECHT MATTI (1940)
This comedy, taken in Finland from a filmscript by Hella Wuolijoki and a play written by her and Brecht in

collaboration, stands rather apart from his other works, in that it appeals to highbrow and lowbrow alike. In the prologue we learn that the subject of the play is a landowner, 'ein gewisses vorzeitliches Tier', who can be a pest in countries which have not yet gone in for land reform. When he is sober Puntila behaves just like all landowners, exploits the workers on his estate and keeps at his beck and call the chauffeur, Matti, who is incontestibly the better and more intelligent man of the two. (We are reminded of Shaw's chauffeur in 'Man and Superman', of Wodehouse's 'Jeeves' and Barrie's 'Admirable Crichton'.) In his cups Puntila describes his moments of sobriety as 'Anfälle von Nüchternheit', when he sees 'nur die Hälfte von der ganzen Welt', while Matti says of him:

Da wird er ein guter Mensch und sieht weiße Mäuse und möcht sie am liebsten streicheln, weil er so gut ist.

Throughout the play the sober and intoxicated scenes alternate. When sober, Puntila is making arrangements for the engagement party of his daughter, Eva, with the Attaché, an empty-headed young diplomat. In the course of the party, however, Puntila drinks enough to come to the conclusion: " . . . *ich verlob meine Tochter nicht mit einer befrackten Heuschrecke!*" After he has called the young man and other important guests much worse names than 'a locust in a frock-coat', they leave in disgust, and Puntila announces that he means to betroth Eva to '*dem Matti Altonen, einem tüchtigen Chauffeur und Freund von mir*'. Then in a scene of high comedy, where, however, serious undertones are not lacking for those who wish to hear them, Puntila and his daughter make merry with the whole domestic staff. Matti and Eva imagine scenes in their married life, where it is abundantly proved that a girl who has had a fine education does not know such elementary facts as that the poor eat the economical herring at least five times a week, that *'in den unteren Ständen werden die Socken nicht nur aus Liebe geflickt, sondern aus Ersparnisgründen'*, and that a working-class wife does not interrupt her tired husband when, after a hard day's work, he sits down to his newspaper.

On the following morning Puntila, again sober, accuses Matti of being a 'red' and a 'criminal' and decides to throw away every bottle of alcohol in the house. But one little sip leads to another, and he is soon reduced to a state of hallucination, where he gets Matti to break up the furniture and build him a mountain, from which he imagines he can see all the beauties of his native province:

> *O Tavastland, gesegnetes! Mit seinem Himmel, seinen Seen, seinem Volk und seinen Wäldern!* Zu Matti: *Sag, daß dir das Herz aufgeht, wenn du das siehst!*

Matti answers that his heart is filled with joy when he sees Herr Puntila's woods, half of which the latter thereupon offers to transfer to him. This is too much, and Matti decides that it is safer to leave without a character than to wait for Puntila's sober reactions to his drunken promises. He concludes:

> *Der Schlimmstè bist du nicht, den ich getroffen,*
> *Denn du bist fast ein Mensch, wenn du besoffen.*

There is no doubt that Herr Puntilla is excellent theatre, with such scenes of comedy as that where Puntila, in his search for illicit spirits, succeeds in presenting engagement rings made of curtain rings to Schmuggleremma, the chemist's assistant, the telephonist and the dairymaid, and that of the four 'betrothed' converging together on his house. Apart from Puntila and Matti, the characters are types rather than people. It is noteworthy that they are described, not by name, but as 'Richter', 'Probst', 'Attaché'. In the latter Brecht guys old-fashioned diplomacy. The Attaché could be sent anywhere by the Minister, because he was not interested in politics and committed no indiscretions: *"Er meint, ich repräsentier gut."* The Attaché's conversation is larded with words of foreign origin, as is to some extent that of Puntila and Eva, in contrast to the natural speech of the lower class characters. Puntila is another of those split personalities which interested Brecht. When the drunken phase of the engagement party has begun, he speaks of himself thus:

> *Red nicht weiter, red nicht von dem Puntila, der unser gemeinsamer Feind ist, dieser Puntila ist heut nacht in einer Punschflasche ersoffen, der schlechte Mensch! Und jetzt steh ich da, ein Mensch bin ich geworden. . . .*

(iv) DER KAUKASISCHE KREIDEKREIS

Brecht had been working with Reinhardt in 1925, when the latter produced Klabund's *Kreidekreis*. The idea of a circle of chalk playing a part in a kind of judgment of Solomon between two women laying claim to a child took hold of Brecht, and he wrote a story, *Der Augsburger Kreidekreis*, set in his native city during the Thirty Years War, on the subject. This first appeared in *Internationale Literatur* (Moscow 1941) and later was included in Brecht's *Kalendergeschichten*. When Brecht was in Hollywood during the war, Luise Rainer, the actress who had won international fame by her interpretation of the heroine of Pearl Buck's *The Good Earth*, commissioned

64

him to write her a play on the Chinese theme of the Chalk Circle. Here, as in the Solomon story, it is the real mother to whom the child is assigned, but Brecht's thesis, as set forth by the Sänger at the end of the play, is the reverse:

> *Ihr aber, ihr Zuhörer*
> *Der Geschichte vom Kreidekreis, nehmt zur Kenntnis die Meinung*
> *Der Alten, daß da gehören soll, was da ist*
> *Denen, die für es gut sind, also*
> *Die Kinder den Mütterlichen, damit sie gedeihen,*
> *Die Wagen den guten Fahrern, damit gut gefahren wird,*
> *Und das Tal den Bewässerern, damit es Frucht bringt.*

This last line refers us back to the prologue, which shows us two collective farms meeting to decide which of them was to develop a certain valley. The play is staged by the Sänger to point the moral that the valley should belong to whoever can make it most profitable to the community.

Even without this prologue, the construction of the play, now set not in China but in the Caucasus, is compli cated by the existence of two plots, which only coalesce in the final scene. The Governor, Abaschwili, is killed in a palace revolution, and his wife is too intent on packing her fine dresses to take with her on her flight to trouble about her baby, Michel. Grusche, the kitchen-maid, who in all the confusion has just plighted her troth to the soldier Simon Chachava before he goes off to the wars, remains with the child, in spite of the advice of her fellow servants not to meddle in such dangerous matters. To achieve a V-Effekt, Grusche's hesitation about taking the child is voiced by the Sänger, while she acts in dumb show:

65

Lange saß sie bei dem Kinde
Bis der Abend kam, bis die Nacht kam,
Bis die Frühdämmerung kam. Zu lange saß sie—
Zu lange sah sie—
Das stille Atmen, die kleinen Fäuste,
Bis die Verführung zu stark wurde gegen Morgen zu
Und sie aufstand, sich bückte und seufzend das Kind nahm
Und es wegtrug.

After every imaginable hardship, Grusche succeeds in crossing the mountains to the house of her brother, Lavrenti, who insists on marrying her to a peasant, apparently on his death-bed, so that the presence of the child may cause no scandal. Here follows a scene of the richest comedy, for the mother-in-law has for economy engaged, to perform both the marriage ceremony and the last rites, an intoxicated monk, who addresses the assembled guests as '*Liebe Hochzeits—und Trauer-gäste*!' The bridegroom is, however, only shamming dead to avoid military service and, when he hears that the war is over, causes general consternation by rising up and driving all the guests away. Michel grows and prospers, but on the same day as Simon comes to claim Grusche and finds her bound to the peasant, soldiers come to take Michel from her, because the revolution is over and his real mother is claiming him.

At this point we turn to the story of Azdak, a philosophical good-for-nothing. After helping the Grand Duke to escape during the revolution, Azdak hands himself over to justice for having sheltered an oppressor, who had, however, seemed nothing but a frightened old gentleman. The revolutionaries have just hanged the judge, and they set Azdak in his place, on the grounds: '*Immer war der Richter ein Lump, so soll jetzt ein Lump der Richter sein.*' After watching Azdak shrewdly unmasking evildoers in the course of his progress, we come to the final scene, where Natella Abashwili applies to the court for the return of her son, She is taken aback to find Azdak, who has been confirmed in his office by the grateful Duke, now returned to power, still presiding over the court.

In spite of all the fine speeches about mother love made by Natella and her lawyers, the latter inadvertently let fall that what is really important is that with the custody of Michel goes that of the Abaschwili estates. Grusche has no arguments but a stubborn insistence that it is her child; but, in spite of the completely matter-of-fact way she talks of Michel, it is obvious that a very real love exists between the two. Before the test of the chalk circle, from which the rival claimants must pull the child, is undertaken, the Sänger states Grusche's case after Azdak has asked her whether she would not wish Michel to be rich:—

> *Ginge es in goldenen Schuhn*
> *Träte es mir auf die Schwachen*
> *Und es müßte Böses tun*
> *Und könnte mir lachen.*
>
> *Ach, zum Tragen, spät und frühe*
> *Ist zu schwer ein Herz aus Stein*
> *Denn es macht zu große Mühe*
> *Mächtig tun und böse sein.*
>
> *Wird so müssen den Hunger fürchten*
> *Aber die Hungrigen nicht!*
> *Wird es müssen die Finsternis fürchten*
> *Aber nicht das Licht.*

Grusche loves the child too much to risk hurting him, so he is pulled out of the circle by Natella. The shrewd

Azdak, however, assigns him to the woman who is unwilling to hurt him and, moreover, purposely enters the wrong names in a bill of divorce, so that Grusche can be freed from her peasant and marry Simon.

The apparently chaotic construction is held together by the Sänger, who before each section of the action recites the gist of it in verse, which stands out against the prose of the play. For sheer entertainment value, *Der Kaukasische Kreidekreis* stands high among Brecht's plays, though here too he will not absolve his audience from the duty of using their brains. The character of Grusche is emphatically drawn in the round, but in his notes Brecht gives us frequent warnings against sentimentalising her. The giving up of all her scanty savings to buy milk for Michel on the flight at an exorbitant price, for instance, seems on the face of it a noble action, but Brecht tells us (*Sinn und Form*): "Es handelt sich also weniger um eine 'edle' Grusche als um eine praktisch veranlagte Frau." It was this practical side which had attracted Simon to her.

DER GUTE MENSCH VON SEZUAN

(a) *Eastern Influences*

We have seen how, following Claudel (see pp. 38-9), Brecht became aware of the *No* Theatre of Japan, while, also in the later 1920's, Frau Elisabeth Hauptmann had translated four of Arthur Waley's *No Plays of Japan* (Allen and Unwin 1921) into German. He had also in 1935 been deeply impressed by seeing the Chinese actor Mei-Lan-Fang during his visit to Moscow. All through the years of exile Brecht never lost his interest in the art of the Far East and wrote several poems in the Chinese manner. It is not surprising that he finally decided to write a play with a Chinese setting, though his version of this is as much 'West-Östlich' as that of Goethe's *Divan*.

In *Der Gute Mensch von Sezuan* Brecht resorts to the same devices of the oriental theatre as he had used in other plays. Already in the *Lehrstücke* there had been *No* introductions of the characters, such as we have here: Compare:

> *Mein Name ist Charles Lindbergh*
> *Ich bin 25 Jahre alt*
> *Mein Großvater war Schwede*
> *Ich bin Amerikaner. . . .* (Lindberghflug)

and:

> Wang: *Ich bin Wasserverkäufer in der Hauptstadt von*
> *Sezuan. Mein Geschäft ist mühselig . . . .* (Vorspiel)

Masks had been used in later performances of *Mann ist Mann*, such as are used in the *No* theatre for women (all parts are played by men), demons and ghosts. Brecht had been nearer to the chorus and visible orchestra of the Japanese theatre in *Der kaukasische Kreidekreis*, the Sänger taking the place of a whole chorus. In *Der Gute Mensch* Wang plays a dual role. He is both part of the action and, in the interludes with the gods, he poses questions, solves problems and comments on the action, as do the chorus. Also reminiscent of the *No* theatre is the technique used by Frau Yang in Scene 8, where she recollects actions that have taken place in the past.

It does not seem as if Brecht could have owed much to the popular Kabuki theatre of Japan, though in fifty per cent of the Kabuki plays a courtesan had the leading role. These sensuous and elaborately dressed actresses, however, had little in common with Shen Te.

Brecht's simplicity of settings and of style have in them

69

also something of the Chinese theatre, though here he uses none of its stylised devices, as he had, for instance, in *Die Horatier und die Kuriatier*, when he made use of flags to symbolise the contending armies. These lines, however, from the real Chinese *Chalk Circle*, quoted in Allardyce Nicoll's *World Drama*, might well have been written by Brecht:

> I am named Hai-t'ang. It is five years since I was married to my lord Ma.

Then, after some lines more of prose, comes a lyric interlude in the Brechtian manner:

> Through the silken curtains
> At my window
> I contemplate the moon
> And its cold shadows.
> It shines alike without reproach or passion
> Upon my richly embroidered curtains
> And upon that street which is the abode of vice.

In *Die Kurze Beschreibung einer neuen Technik der Schauspielkunst, die einen Verfremdungseffekt hervorbringt* (9. Versuch, 1940) Brecht expresses his admiration for Chinese dramatic art:

> Meisterhaft in der Behandlung der Geste ist die chinesische Schauspielkunst. Dadurch, daß der chinesische Schauspieler seine eigenen Bewegungen sichtbar beobachtet, erzielt er den V-Effect.

It was before 1933, at the same period as the *Lehrstücke* were being written, that Brecht indicated in his diary that he first conceived the idea of *Der gute Mensch von Sezuan*, under the title *Die Ware Liebe* (a pun on 'wahre' and 'Ware'). He was not, however, to carry it out until

1938-41. Even further back, indeed, can the incident from which originated the three gods be found. In 1926 Brecht had been invited, together with two other representatives of the younger generation of poets, to see the première of Franz Werfel's new version of Verdi's "La Sforza del Destino" at the Dresden Staatstheater. When they found that they had been allotted poor seats in the gallery and had received no invitation to the official reception after the performance, they were speechless with rage. Brecht relieved his feelings by composing a poem, in which

> Sie luden aber ein drei Götter
> Zu Alibi am Flusse Alibe (i.e. Elbe)
>
> . . . .
>
> Als sie aber ankamen war nur der Regen da
> Sie zu empfangen
>> (quoted in Kurt Fassmann:
>> Brecht: eine Bildbiographie)

A kind man (the prototype of Wang) tried to find some-one in the town to take them in, but no one was willing, whereupon he begged their forgiveness for his city.

(b) *The Play*
(i) THE PLOT AND CHARACTERS
The problem posed by *Der gute Mensch von Sezuan* had been adumbrated in Peachum's song in the *Dreigro-schenoper*)

> Ein guter Mensch sein! Ja, wer wärs nicht gern?
> Sein Gut den Armen geben, warum nicht?
>
> Doch leider sind auf diesem Sterne eben
> Die Mittel kärglich und die Menschen roh,
> Wer möchte nicht in Fried und Eintracht leben?
> Doch die Verhältnisse, sie sind nicht so.

Brecht's sub-title, 'Parabelstück', indicates that his object is to pose a moral problem: "Um gut zu sein, muß ich grausam sein." Like the earlier *Lehrstücke*, *Der gute Mensch* is a modern version of the old morality plays with allegorical figures personifying good and evil, though here the didactic purpose of the early plays is subservient to the desire of the older Brecht to entertain his audience. He returns to the dual, Faustian personality, which had already occupied him in Mauler, though here, with the Chinese setting and the use of masks to distinguish Shen Te from her alleged cousin, Shui Ta, the question is reduced to the simplest terms in this background of oriental fairy-tale. The critic Josef Jusowski (*Sinn und Form: Bertolt Brecht und sein guter Mensch*) has made the very apt comparison of the actress taking the part of Shen Te/Shui Ta with Ulanova, the great Russian ballerina, dancing Odette and Odile in *Swan Lake*.

The two main strands of the action are Shen Te (Shui Ta)—Sun; Wang—the gods. The second strand, spun out from the *Vorspiel* through the intermezzos, to some extent takes the place of the chorus of classical or oriental drama. In the prologue we learn that three gods have come among mortals in answer to the many complaints that have reached them about the terrible state of the world, and they cannot feel their existence justified unless at least one good person can be found:

Seit zweitausend Jahren geht dieses Geschrei, es gehe nicht weiter mit der Welt, so wie sie ist. Niemand auf ihr könne gut bleiben. (p. 93)

The beginning is not propitious, for the people of Sezuan, when asked to shelter the gods, are like those invited to the great feast in the Bible: 'I pray thee have me excused'. Indeed, the whole morality of the prologue is certainly Christian rather than Confucian. The way of life depicted by Shen Te as that she would wish to follow, if extreme poverty did not force on her a hated profession, is that of the Christian commandments (p. 100); and the gods do not damn her eternally for being a prostitute any more than Christ condemned St. Mary Magdalene. Wang's conception of the gods is as beings who reward and punish men. How different are these gods, however, is the sad fact which becomes abundantly clear in the course of the play. They do not even themselves always do their best to preserve Wang's illusions. For instance, when he takes the conventional view that Kwan province had been visited with floods because its inhabitants did not fear God, the second god remarks: *"Unsinn! Weil sie den Staudamm verfallen ließen."* (p. 92). The naïve christian sees God anthropomorphically and imagines God the Father as a benevolent old man with a white beard. These gods, however, are so anthropomorphic as to be completely indistinguishable from mortals, as they become on each appearance distinctly the worse for wear. They are so powerless as to come away with a black eye, when trying to settle human quarrels. Sung recites to them from a holy book the parable of the trees which were not allowed to come to their full stature (p. 186):—

> *So erreichen sie alle nicht ihrer Jahre Zahl, sondern gehen auf halbem Wege zugrunde durch Säge und Axt. Das ist das Leiden der Brauchbarkeit.*

The gods are, however, quite incapable of interpreting the scriptures to him, one of them being able only feebly to remark: *"Was doch alles geschrieben wird!"* There is nothing all-seeing about them. When Wang describes the difficult situation Shui Ta is called on to face, the First God has to confess that he understands nothing about business:

> *Nun, wir wollen diesen Herrn Vetter ja auch nicht ungehört verdammen. Ich gebe zu, ich verstehe nichts von Geschäften, vielleicht muß man sich da erkundigen, was das Übliche ist.*

Even in the last scene, when the two strands of the play unite, Shen Te addresses the gods as though they were all-powerful:

> *Für eure großen Pläne, ihr Götter,*
> *War ich armer Mensch zu klein* (p. 238)

Yet she has just stated the insoluble nature of the task they have set her:

> *Gut zu sein und doch zu leben*
> *Zerriß mich wie ein Blitz in zwei Hälften. Ich*
> *Weiß nicht, wie es kam: gut sein zu andern*
> *Und zu mir konnte ich nicht zugleich.*
> . . . .
> *Etwas muß falsch sein in eurer Welt, warum*
> *Ist auf die Bosheit ein Preis gesetzt und warum*
> *   erwarten die Guten*
> *So harte Strafen?*

Their only answer to Shen Te's moving plea is: "*Sprich nicht weiter, Unglückliche!*'. They accuse her of speaking confused words. Otherwise, if she is right, their *raison d'être* would vanish.

> *Sollen wir eingestehen, daß unsere Gebote tödlich sind?*
> *Sollen wir verzichten auf unsere Gebote?* (Verbissen)
> *Niemals! Soll die Welt geändert werden? Wie? Von wem?*
> *Nein, es ist alles in Ordnung.*

The confident gods of the ancient world appeared at moments of crisis as ' Deus *ex* machina'. Brecht's gods depart, however, as 'Dei *in* machina', as they float away on their rosy cloud, repudiating any responsibility for the fate of man and, in spite of Shen Te's anguished words, fobbing her off with a soothing, *"Sei nur gut und alles wird gut werden!"* The furthest they will commit themselves is to admit that she might have recourse to Shui Ta once a month at most, though they imply that Shen Te is in spite of all their 'guter Mensch':

> *Und lasset, da die Suche nun vorbei*
> *Uns fahren schnell hinan!*
> *Gepriesen sei, gepriesen sei*
> *Der gute Mensch von Sezuan.*

Wang plays a dual role. He is the confidant of the gods, but he also appears in his capacity as water-seller among the humans. In his scenes with the gods he acts both as narrator of the action and as a commentator from the lay point of view, as contrasted with that of the gods. As a person Wang is naif. In the prologue he really believes that all humans are eager to take in the gods and to the end he preserves his respect for them, in spite of all they have done to disillusion him. As they vanish on their rosy cloud, he admonishes the witnesses:

Bezeugt euren Respekt! Die Götter sind unter uns erschienen!

Among the humans his chief importance is as the agent who introduces the gods to Shen Te and, in the incident of the injured hand, to provide a test case, registering the conflicting reactions of Shen Te and Shui Ta, and as a further instance of the evil of this world, where injury and injustice are the lot of the poor.

Of the wide range of characters in *Der gute Mensch von Sezuan* only Shen Te herself is drawn in the round. The other characters often throw light on human nature in general, though in themselves they are largely types. The family which quarters itself on Shen Te are just any spongers and poor people on the fringe of the criminal classes. The house-owner is the type of any hard-boiled business woman. Shu-Fu, the barber, is the business man who hides his hard-headedness under a veneer of altruism (the sheds he puts at Shen Te's disposal with so grand a gesture were too damp for the storage of goods).

Sun, of course, plays a more important part. The fact that the best thing in life for him is to be an airman takes us back to the early *Lehrstücke*, where the airman is the symbol for the highest type of technological progress. As Shen Te sings:

Ein Flieger
Ist kühner als andere Menschen. In der Gesellschaft der Wolken
Den großen Stürmen trotzend
Fliegt er durch die Himmel und bringt
Den Fremden im fernen Land
Die freundliche Post. (p. 139)

And when she is indulging in fantasies about the little son she is expecting, she says:

Ein Flieger!
Begrüßt einen neuen Eroberer
Der unbekannten Gebirge und unerreichbaren Gegenden!
Einen
Der die Post von Mensch zu Mensch
Über die unwegsamen Wüsten bringt! (p. 220)

76

The further development of Sun is unconvincing. After he has revealed himself as a very ignoble creature in his negotiations with Shui Ta (Scene 5) and in the marriage scene (Scene 6), he does not appear to us much better, when his mother represents him to be a reformed character (Scene 8). His hard work in the tobacco factory may have been praiseworthy, but in his unsympathetic treatment of the workers as overseer he is the true pupil of Shui Ta. Whether his indignation at having been left in ignorance of the fact that Shen Te is expecting his child is aroused by genuine love for her or is merely an expression of pride as a prospective father, one feels to be a moot point. The audience is left to decide for itself whether Sun is worthy of Shen Te and whether she will really marry him.

To contrast with her stylised acting in a mask as Shui Ta, the player of the dual role is given, as Shen Te, every opportunity of showing the audience a real human being. The problem facing her goes to the very roots of human life, but the first thing which strikes us about her is her directness and simplicity in her colloquy with the gods, where she is quite incapable of glossing over her calling: '*Wie soll ich gut sein, wo alles so teuer ist?*' (p. 100). Her other outstanding characteristic is her extreme generosity. It is this which exposes her to the depredations of all the spongers and almost brings her to ruin, until she is led to invent Shui Ta:

Und doch
Wollte ich gern ein Engel sein den Vorstädten. Zu schenken
War mir eine Wohllust. Ein glückliches Gesicht
Und ich ging wie auf Wolken.
Verdammt mich: alles, was ich verbrach
Tat ich, meinen Nachbarn zu helfen . . . (p. 238)

as Shen Te confesses to the gods in the final scene. The same instinct prompts her to buy water from Wang on a rainy day:

> *Aber ich will dein Wasser, Wang.*
> *Das weither getragene*
> *Das müde gemacht hat.*
> *Und das schwer verkauft wird, weil es heute regnet.* (p. 139)

It is her simplicity and generosity combined which make her incapable of seeing through people and expose her to love at first sight with a man who turns out to be half rogue. Shen Te in love is all spontaneity as she turns to the public and tells how this new emotion makes everything look different:

> *Ich habe immer gehört, wenn man liebt, geht man auf Wolken,*
> *aber das Schöne ist, daß man auf der Erde geht, dem*
> *Asphalt.* (p. 145);

or in her impulsive purchase of a shawl to make herself fine for her lover, when she really needs the money to pay the rent. Even the dreadful insight Shen Te has gained into Sun's character through her assumption of the personality of Shui Ta is not enough to kill her love:

> *Ich will nicht wissen, ob er mich liebt.*
> *Ich will mit ihm gehen, den ich liebe.* (p. 172)

Being good is sheer nature with Shen Te and not the result of any carefully thought out ethical precepts. When she enunciates such in the interlude after Scene 4 (p. 154), Brecht is deliberately allowing her to speak out of character to produce a V-Effekt and pose questions for the consideration of the audience. Every incident which brings out the natural goodness of Shen Te is looked at again from a different angle with the worldly wisdom of

Shui Ta. Shen Te sees that she can live happily with Sun only at the expense of the old couple who have trustingly lent their savings and that her child can only prosper at the expense of other children, such as the child whom hunger drives to the refuse bucket. Shui Ta cold-bloodedly ignores these facts and adopts the standards of the world. Paradoxically, it is Shen Te's nascent mother love which urges her once again to have recourse to Shui Ta but at the same time causes a revulsion of feeling against this Jekyll side of human nature.

> *Welche Verführung, zu schenken! Wie angenehm*
> *Ist es doch, freundlich zu sein! Ein gutes Wort*
> *Entschlüpft wie ein wohliger Seufzer.* (p. 195)

In spite of her desire to be kindly to all, Shen Te's resolve hardens to protect the 'fruit of her womb':—

> *. . . Sohn, zu dir*
> *Will ich gut sein und Tiger und wildes Tier*
> *Zu allen andern, wenn's sein muß. Und*
> *es muß sein.* (p. 198)

Shen Te as a prospective mother is even more moving than Shen Te in love with Sun. Her fantasy of stealing cherries with the little boy and playing hide-and-seek with the police, as she leads the imaginary child by the hand, singing a nursery song, has the same down-to-earth realism and charm as the Grusche-Michel relationship in *Der kaukasische Kreidekreis*, in spite of the fact that Shen Te's child is as yet only a dream child.

(ii) THE CONSTRUCTION

In the introduction to his book on Brecht Mr. Willett listed the performance of the plays up to the year 1957. It is no surprise that *Der gute Mensch von Sezuan* had been performed at least twice as often as any other of Brecht's plays, for it is indeed excellent theatre. We have already noted the influence of Japan and China (Section a). Apart from this, the play makes the best possible use of the technique of the 'epic' theatre. It is divided into ten scenes and a prologue, which states the problem to be solved and introduces us to the main protagonists. The 'epic' style has some of the suppleness of the film, for Brecht uses the flash-back in Scene 8, where Frau Yang recounts to the public all the steps in the reformation of her son by Shui Ta; while Shen Te's fantasy of her life with her child is the equivalent of the cinematic device by which we are for a moment projected into the future.

For the V-Effekt in *Der gute Mensch* Brecht no longer relies on the film-strips, placards, loud-speakers and lighting effects of the Piscator stage. It is here produced by much more subtle means. Firstly we are led to think over what we have just witnessed on the stage by the five interludes, in which Wang and the gods discuss and elucidate the happenings and characters after the fashion of a classical or oriental chorus. Then, the frequent appeals to the audience in asides and monologues where the characters of the play for the time being turn into commentators, introduce, as it were, another dimension into the structure. The fact that these are largely in verse makes them stand out even more clearly. They may consist merely of a short interpolation, pinpointing the most significant aspect of a scene, as when Shen Te at the end of the first episode emphasises the ruin brought on her by all the spongers:

> *Der Rettung kleiner Nachen*
> *Wird sofort in die Tiefe gezogen:*
> *Zu viele Versinkende*
> *Greifen gierig nach ihm.*

At the other end of the scale is Shen Te's long appeal to the gods, beginning:

> *Ja, ich bin es. Shui Ta und Shen*
> *Te, ich bin beides*

in the final scene, restating the whole problem, which Brecht himself refuses to answer but leaves it to the audience to do their best with the data provided.

As in all Brecht plays, there are incidental lyrics: *Lied des Wasserverkäufers im Regen* (Scene 3); *Das Lied vom Sankt Nimmerleinstag* (Scene 6); *Lied vom achten Elefanten* (Scene 8). These are all both apposite and pleasing.

The monologues are not the musing soliloquies of the conventional stage but, even when the inmost thoughts of the character are expressed, are addressed to the public. Even when they are in prose, some important point is often underlined by a short verse interpolation, as in Shen Te's interlude on the way to her wedding:

> *Keinen verderben zu lassen, auch nicht sich selber*
> *Jeden mit Glück zu erfüllen, auch sich, das*
> *Ist gut.*

The most notable of Shen Te's soliloquies, entitled *Das Lied von der Wehrlosigkeit der Götter und Guten*, where, as we have seen, Brecht deliberately takes her out of her intellectual depth, is made all the more striking for being written in free rhythms of almost classical dignity.

(iii) THE LANGUAGE

In his memorial essay in *Sinn und Form* Feuchtwanger speaks of Brecht's agreement with Luther that to make oneself understood by all:

> man mus die Mutter im hause, die Kinder auff der gassen, den gemeinen Man auff dem marckt drumb fragen, und denselbigen auff das Maul sehen.

Although Brecht felt that he was born at an unpropitious time to achieve this ideal of lucid speech—he said that while Horace had marble out of which to hew his poems, he himself had 'Dreck'—we can feel no doubt as to his brilliant success. When one thinks of the state of written German at the end of the nineteenth century, overburdened with heavy participial phrases and subjunctives, one can only marvel at Brecht's mastery in achieving a simplicity and directness rarely found since the days of Luther. It is a deceptive simplicity, for behind it lies a very conscious art. The elements which went to make up Brecht's prose were the everyday South German spoken language, concrete images rather than metaphors, and in the earlier plays anglicisms and exotic expressions. The combination of clarity with vigour and colourfulness is characteristic both of Brecht and of much good English prose; it is this which makes him an author who appeals to British taste.

The style of the prose parts of *Der gute Mensch* is at the same time direct and colourful. Brecht loves to press a point home by a proverbial saying, often invented by himself: for example:

Eile heißt der Wind, der das Baugerüst umwirft (p. 157)

or:

Der Edle ist wie eine Glocke, schlägt man sie, so tönt sie, schlägt man sie nicht, so tönt sie nicht. (p. 212)

In this play, however, we do not find anything like the capping of proverbs between Azdak and Simon, which goes on for a whole page in *Der kaukasische Kreidekreis*.

Characters tend to speak in a characteristic manner, as when Sun's talk smacks of aviation: to Shui Ta: "*Warum schauen Sie mich an wie einen undichten Ölbehälter?*" (p. 162);

and to Shen Te: *"Dann sollen ihn die drei Teufel holen: der Bruchteufel, der Nebelteufel und der Gasmangelteufel."* (p. 177) When Wang converses with the gods we see the bible influence in the passage from a holy book:

> *In Sung ist ein Platz namens Dornhain. Dort gedeihen Katalpen, Zypressen und Maulbeerbäume. . . .* (p. 186)

In Wang's dream of Shen Te floundering in the boggy reeds by the river, burdened with the *'Ballen der Vorschriften'* (p. 203), the style is that of the allegory, and an English reader is reminded of Christian struggling with his burden through the Slough of Despond. (One feels that Brecht would have enjoyed Bunyan.)

In the lyric verses of *Der Gute Mensch*, Brecht goes back to earlier styles. *Das Lied vom Rauch* (p. 112) uses a metre similar to verses in the *Dreigroschenoper*, as does the *Lied des Wasserverkäufers im Regen* (p. 138) to a lesser degree. *Das Lied vom Sankt Nimmerleinstag* (p. 184) might well have dated from the days when Brecht took the guitar and improvised music to his own lyrics. *Das Lied vom achten Elefanten* (p. 210) shows the Kipling influence. In the *Terzett der entschwindenden Götter auf der Wolke* we have the same wicked parody of the style of *Faust II* as in *Die Heilige Johanna der Schlachthöfe*.

The verse, however, which is Brecht's most characteristic contribution to German prosody is the free rhythms interpolated in the prose passages. In his essay *Über reimlose Lyrik mit unregelmäßigen Rhythmen* (1939) Brecht explains that the reason he considers his free rhythms lyrical, although they dispense both with rhyme and a firm rhythm, is because they have, indeed, 'keinen regelmäßigen, aber doch einen (wechselnden, synkopierten, gestischen) Rhythmus'. Brecht's *Gestus* is defined by Mr Willett as 'the essential attitude which underlies any phrase or speech' (Op. cit., p. 97). Perhaps we can see what Brecht is aiming at by looking at the commentary to his version of the Hölderlin *Antigone* translation:

> Frage: *Wie wurden die Verse gesprochen?*
> Antwort: *Vor allem wurde die Unsitte vermieden, nach der diè Schauspieler sich vor größeren Verseinheiten sozusagen mit einer das Ganze ungefähr deckenden Emotion vollpumpen. Es soll keine 'Leidenschaftlichkeit' bevor oder hinter Sprechen und Agitieren sein. Es wird von Vers zu Vers geschritten und jeder von ihnen aus dem Gestus der Figur geholt.*
> Frage: *Wie ist es mit dem Technischen?*
> Antwort: *Wo die Verszeilen enden, soll eine Cäsur sein, oder es soll eine Heraushebung des nächsten Versanfangs stattfinden.*
> Frage: *Wie wird der Rhythmus behandelt?*
> Antwort: *Unter Verwendung der Synkope im Jazz, wodurch etwas Widersprüchliches in den Versfluß kommt, und sich die Regularität gegen das Unregelmäßige durchsetzt.*

This analogy with jazz is also underlined in the essay on rhymeless lyrics, where Brecht maintains that our ears are conditioning themselves to new sounds: "Die akustische Umwelt hat sich außerordentlich verändert."

It was in this essay that Brecht argues against the iambic pentameter (see pp. 25-6) and tells how he renounced it entirely in his operas and *Lehrstücke* and turned to free rhythms, with a view to evolving a new technique both in singing and speech, the *gestisch*.

Das bedeutete: die Sprache sollte ganz dem Gestus der sprechenden Person folgen.

84

Among other examples of the *gestisch*, Brecht quotes the rhythmic chanting of slogans, such as a procession of working-class men he had heard marching through Berlin, shouting in chorus:

> Wir hä bĕn Hŭn ger

Whatever may be the theories behind Brecht's 'reimlose Lyrik', it ranges from the expressive to the truly lyrical. What could be more lovely and evocative than Shen Te's words in Scene 3?:

> *In unserem Lande*
> *Dürfte es trübe Abende nicht geben*
> *Auch hohe Brücken über die Flüsse*
> *Selbst die Stunde zwischen Nacht und Morgen*
> *Und die ganze Winterzeit dazu, das ist gefähr-*
> *lich.*
> *Denn angesichts des Elends*
> *Genügt ein Weniges*
> *Und die Menschen werfen*
> *Das unerträgliche Leben fort.*

When Brecht wishes to produce a reflective effect, the lines of his free rhythms tend to lengthen, as in Shen Te's great speech in the last scene:

> *Etwas muß falsch sein in eurer Welt. Warum*
> *Ist auf die Bosheit ein Preis gesetzt und warum erwarten den*
> *Guten*
> *So harte Strafen? . . . .*

Brecht was no bigoted theorist, clinging exclusively to his 'gestisch' and syncopated manner of delivery. Many lines in *Das Lied der Wehrlosigkeit der Götter und Guten* might have been written by Goethe or Hölderlin:

> *In unserem Lande*
> *Braucht der Nützliche Glück. Nur*
> *Wenn er starke Helfer findet*
> *Kann er sich nützlich erweisen.*
> *Die Guten*
> *Können sich nicht helfen, und die Götter sind*
> > *machtlos.*

(The earlier poets would probably have made a new line of '*Und die Götter sind machtlos*'.) Or again:

> *Warum erscheinen die Götter nicht auf unsern Märkten*
> *Und verteilen lächelnd die Fülle der Waren*
> *Und gestatten den vom Brot und vom Weine Gestärkten*
> *Miteinander nun freundlich und gut zu verfahren?*

Feuchtwanger was indeed right when he wrote of his friend:

Deutschland hat viele große Sprachmeister. Sprachschöpfer hatte es in diesem zwanzigsten Jahrhundert einen einzigen: Brecht.

BERTOLT BRECHT

DER GUTE MENSCH
VON SEZUAN

Parabelstück

Wang, ein Wasserverkäufer · Die drei Götter · Shen
Te/Shui Ta · Yang Sun, ein stellungsloser Flieger · Frau
Yang, seine Mutter · Die Witwe Shin · Die achtköpfige
Familie · Der Schreiner Lin To · Die Hausbesitzerin
Mi Tzü · Der Polizist · Der Teppichhändler und seine
Frau · Die alte Prostituierte · Der Barbier Shu Fu ·
Der Bonze · Der Arbeitslose · Der Kellner · Die Pas-
santen des Vorspiels

Schauplatz: Die Hauptstadt von Sezuan,
welche halb europäisiert ist.

VORSPIEL

Eine Straße in der Hauptstadt von Sezuan

Es ist Abend. Wang, der Wasserverkäufer, stellt sich dem Publikum vor.

WANG: Ich bin Wasserverkäufer hier in der Hauptstadt von Sezuan. Mein Geschäft ist mühselig. Wenn es wenig Wasser gibt, muß ich weit danach laufen. Und gibt es viel, bin ich ohne Verdienst. Aber in unserer Provinz herrscht überhaupt große Armut. Es heißt allgemein, daß uns nur noch die Götter helfen können. Zu meiner unaussprechlichen Freude erfahre ich von einem Vieheinkäufer, der viel herumkommt, daß einige der höchsten Götter schon unterwegs sind und auch hier in Sezuan erwartet werden dürfen. Der Himmel soll sehr beunruhigt sein wegen der vielen Klagen, die zu ihm aufsteigen. Seit drei Tagen warte ich hier am Eingang der Stadt, besonders gegen Abend, damit ich sie als erster begrüßen kann. Später hätte ich ja dazu wohl kaum mehr Gelegenheit, sie werden von Hochgestellten umgeben sein und überhaupt stark überlaufen werden. Wenn ich sie nur erkenne! Sie müssen ja nicht zusammen kommen. Vielleicht kommen sie einzeln, damit sie nicht so auffallen. Die dort können es nicht sein, die kommen von der Arbeit. *Er betrachtet vorübergehende Arbeiter.* Ihre Schultern sind ganz eingedrückt vom Lastentragen. Der dort ist auch ganz unmöglich ein Gott, er hat Tinte an den Fingern. Das ist höchstens ein Büroangestellter in einer Zementfabrik. Nicht einmal diese Herren dort – *zwei Herren gehen vorüber* – kommen mir wie Götter vor, sie haben einen brutalen Ausdruck wie Leute, die viel prügeln, und das haben die Götter nicht nötig. Aber dort, diese drei! Mit denen sieht es schon ganz anders aus. Sie sind wohlgenährt, weisen kein Zeichen irgendeiner Beschäftigung auf und haben Staub auf den Schuhen, kommen also von weit her. Das sind sie! Verfügt über mich, Erleuchtete! *Er wirft sich zu Boden.*

DER ERSTE GOTT *erfreut:* Werden wir hier erwartet?

WANG *gibt ihnen zu trinken:* Seit langem. Aber nur ich wußte, daß ihr kommt.

DER ERSTE GOTT: Da benötigen wir also für heute Nacht ein Quartier. Weißt du eines?

WANG: Eines? Unzählige! Die Stadt steht zu euren Diensten, o Erleuchtete! Wo wünscht ihr zu wohnen?

Die Götter sehen einander vielsagend an.

DER ERSTE GOTT: Nimm das nächste Haus, mein Sohn! Versuch es zunächst mit dem allernächsten!

WANG: Ich habe nur etwas Sorge, daß ich mir die Feindschaft der Mächtigen zuziehe, wenn ich einen von ihnen besonders bevorzuge.

DER ERSTE GOTT: Da befehlen wir dir eben: nimm den nächsten!

WANG: Das ist der Herr Fo dort drüben! Geduldet euch einen Augenblick!

Er läuft zu einem Haus und schlägt an die Tür. Sie wird geöffnet, aber man sieht, er wird abgewiesen. Er kommt zögernd zurück.

WANG: Das ist dumm. Der Herr Fo ist gerade nicht zu Hause, und seine Dienerschaft wagt nichts ohne seinen Befehl zu tun, da er sehr streng ist. Er wird nicht wenig toben, wenn er erfährt, wen man ihm da abgewiesen hat, wie?

DIE GÖTTER *lächelnd:* Sicher.

WANG: Also noch einen Augenblick! Das Haus nebenan gehört der Witwe Su. Sie wird außer sich sein vor Freude.

Er läuft hin, wird aber anscheinend auch dort abgewiesen.

WANG: Ich muß dort drüben nachfragen. Sie sagt, sie hat nur ein kleines Zimmerchen, das nicht instandgesetzt ist. Ich wende mich sofort an Herrn Tscheng.

DER ZWEITE GOTT: Aber ein kleines Zimmer genügt uns. Sag, wir kommen.

WANG: Auch wenn es nicht aufgeräumt ist? Vielleicht wimmelt es von Spinnen.

DER ZWEITE GOTT: Das macht nichts. Wo Spinnen sind, gibt's wenig Fliegen.

DER DRITTE GOTT *freundlich zu Wang:* Geh zu Herrn Tscheng oder sonstwohin, mein Sohn, ich ekle mich vor Spinnen doch ein wenig.

Wang klopft wieder wo an und wird eingelassen.

STIMME AUS DEM HAUS: Verschone uns mit deinen Göttern! Wir haben andere Sorgen!

WANG *zurück zu den Göttern:* Herr Tscheng ist außer sich, er hat das ganze Haus voll Verwandtschaft und wagt nicht, euch unter die Augen zu treten, Erleuchtete. Unter uns, ich glaube, es sind böse

Menschen darunter, die er euch nicht zeigen will. Er hat zu große Furcht vor eurem Urteil. Das ist es.

DER DRITTE GOTT: Sind wir denn so fürchterlich?

WANG: Nur gegen die bösen Menschen, nicht wahr? Man weiß doch, daß die Provinz Kwan seit Jahrzehnten von Überschwemmungen heimgesucht wird.

DER ZWEITE GOTT: So? Und warum das?

WANG: Nun, weil dort keine Gottesfurcht herrscht.

DER ZWEITE GOTT: Unsinn! Weil sie den Staudamm verfallen ließen.

DER ERSTE GOTT: Ssst! *Zu Wang:* Hoffst du noch, mein Sohn?

WANG: Wie kannst du so etwas fragen? Ich brauche nur ein Haus weiter zu gehen und kann mir ein Quartier für euch aussuchen. Alle Finger leckt man sich danach, euch zu bewirten. Unglückliche Zufälle, ihr versteht. Ich laufe!

Er geht zögernd weg und bleibt unschlüssig in der Straße stehen.

DER ZWEITE GOTT: Was habe ich gesagt?

DER DRITTE GOTT: Es können immer noch Zufälle sein.

DER ZWEITE GOTT: Zufälle in Schun, Zufälle in Kwan und Zufälle in Sezuan! Es gibt keinen Gottesfürchtigen mehr, das ist die nackte Wahrheit, der ihr nicht ins Gesicht schauen wollt. Unsere Mission ist gescheitert, gebt es euch zu!

DER ERSTE GOTT: Wir können immer noch gute Menschen finden, jeden Augenblick. Wir dürfen es uns nicht zu leicht machen.

DER DRITTE GOTT: In dem Beschluß hieß es: die Welt

kann bleiben, wie sie ist, wenn genügend gute Menschen gefunden werden, die ein menschenwürdiges Dasein leben können. Der Wasserverkäufer selber ist ein solcher Mensch, wenn mich nicht alles täuscht. *Er tritt zu Wang, der immer noch unschlüssig dasteht.*

DER ZWEITE GOTT: Es täuscht ihn alles. Als der Wassermensch uns aus seinem Maßbecher zu trinken gab, sah ich was. Dies ist der Becher. *Er zeigt ihn dem ersten Gott.*

DER ERSTE GOTT: Er hat zwei Böden.

DER ZWEITE GOTT: Ein Betrüger!

DER ERSTE GOTT: Schön, er fällt weg. Aber was ist das schon, wenn e i n e r angefault ist! Wir werden schon genug finden, die den Bedingungen genügen. Wir müssen einen finden! Seit zweitausend Jahren geht dieses Geschrei, es gehe nicht weiter mit der Welt, so wie sie ist. Niemand auf ihr könne gut bleiben. Wir müssen jetzt endlich Leute namhaft machen, die in der Lage sind, unsere Gebote zu halten.

DER DRITTE GOTT *zu Wang:* Vielleicht ist es zu schwierig, Obdach zu finden?

WANG: Nicht für euch! Wo denkt ihr hin? Die Schuld, daß nicht gleich eines da ist, liegt an mir, der schlecht sucht.

DER DRITTE GOTT: Das bestimmt nicht. *Er geht zurück.*

WANG: Sie merken es schon. *Er spricht einen Herrn an:* Werter Herr, entschuldigen Sie, daß ich Sie anspreche, aber drei der höchsten Götter, von deren bevorstehender Ankunft ganz Sezuan schon seit

Jahren spricht, sind nun wirklich eingetroffen und benötigen ein Quartier. Gehen Sie nicht weiter! Überzeugen Sie sich selber! Ein Blick genügt! Greifen Sie um Gottes willen zu! Es ist eine einmalige Gelegenheit! Bitten Sie die Götter zuerst unter Ihr Dach, bevor sie Ihnen jemand wegschnappt, sie werden zusagen.

Der Herr ist weitergegangen.

WANG *wendet sich an einen anderen:* Lieber Herr, Sie haben gehört, was los ist. Haben Sie vielleicht ein Quartier? Es müssen keine Palastzimmer sein. Die Gesinnung ist wichtiger.

DER HERR: Wie soll ich wissen, was deine Götter für Götter sind? Wer weiß, wen man da unter sein Dach bekommt.

Er geht in einen Tabakladen. Wang läuft zurück zu den Dreien.

WANG: Ich habe schon einen Herrn, der bestimmt zusagt.

Er sieht seinen Becher auf dem Boden stehen, sieht verwirrt nach den Göttern, nimmt ihn an sich und läuft wieder zurück.

DER ERSTE GOTT: Das klingt nicht ermutigend.

WANG *als der Mann wieder aus dem Laden herauskommt:* Wie ist es also mit der Unterkunft?

DER MANN: Woher weißt du, daß ich nicht selber im Gasthof wohne?

DER ERSTE GOTT: Er findet nichts. Dieses Sezuan können wir auch streichen.

WANG: Es sind drei der Hauptgötter! Wirklich! Ihre

Standbilder in den Tempeln sind sehr gut getroffen. Wenn Sie schnell hingehen und sie einladen, werden sie vielleicht zusagen.

DER MANN *lacht:* Das müssen schöne Gauner sein, die du da wo unterbringen willst. *Ab.*

WANG *schimpft ihm nach:* Du schieläugiger Schieber! Hast du keine Gottesfurcht? Ihr werdet in siedendem Pech braten für eure Gleichgültigkeit! Die Götter scheißen auf euch! Aber ihr werdet es noch bereuen! Bis ins vierte Glied werdet ihr daran abzuzahlen haben! Ihr habt ganz Sezuan mit Schmach bedeckt! *Pause.* Jetzt bleibt nur noch die Prostituierte Shen Te, die kann nicht nein sagen.

Er ruft: „Shen Te". *Oben im Fenster schaut Shen Te heraus.*

WANG: Sie sind da, ich kann kein Obdach für sie finden. Kannst du sie nicht aufnehmen für eine Nacht?

SHEN TE: Ich glaube nicht, Wang. Ich erwarte einen Freier. Aber wie kann denn das sein, daß du für sie kein Obdach findest?!

WANG: Das kann ich jetzt nicht sagen. Ganz Sezuan ist ein einziger Dreckhaufen.

SHEN TE: Ich müßte, wenn er kommt, mich versteckt halten. Dann ginge er vielleicht wieder weg. Er will mich noch ausführen.

WANG: Können wir nicht inzwischen schon hinauf?

SHEN TE: Aber ihr dürft nicht laut reden. Kann man mit ihnen offen sprechen?

WANG: Nein! Sie dürfen von deinem Gewerbe nichts erfahren! Wir warten lieber unten. Aber du gehst nicht weg mit ihm?

SHEN TE: Es geht mir nicht gut, und wenn ich bis morgen früh meine Miete nicht zusammen habe, werde ich hinausgeworfen.

WANG: In solch einem Augenblick darf man nicht rechnen.

SHEN TE: Ich weiß nicht, der Magen knurrt leider auch, wenn der Kaiser Geburtstag hat. Aber gut, ich will sie aufnehmen.

Man sieht sie das Licht löschen.

DER ERSTE GOTT: Ich glaube, es ist aussichtslos.

Sie treten zu Wang.

WANG *erschrickt, als er sie hinter sich stehen sieht:* Das Quartier ist beschafft. *Er trocknet sich den Schweiß ab.*

DIE GÖTTER: Ja? Dann wollen wir hingehen.

WANG: Es hat nicht solche Eile. Laßt euch ruhig Zeit. Das Zimmer wird noch in Ordnung gebracht.

DER DRITTE GOTT: So wollen wir uns hierhersetzen und warten.

WANG: Aber es ist viel zuviel Verkehr hier, fürchte ich. Vielleicht gehen wir dort hinüber.

DER ZWEITE GOTT: Wir sehen uns gern Menschen an. Gerade dazu sind wir hier.

WANG: Nur: es zieht.

DER ZWEITE GOTT: Oh, wir sind abgehärtete Leute.

WANG: Aber vielleicht wünscht ihr, daß ich euch das nächtliche Sezuan zeige? Wir machen einen kleinen Spaziergang?

DER DRITTE GOTT: Wir sind heute schon ziemlich viel gegangen. *Lächelnd:* Aber wenn du willst, daß wir von hier weggehen, dann brauchst du es doch nur zu sagen.

Sie gehen zurück.

DER DRITTE GOTT: Ist es dir hier angenehm?

Sie setzen sich auf eine Haustreppe. Wang setzt sich etwas abseits auf den Boden.

WANG *mit einem Anlauf:* Ihr wohnt bei einem alleinstehenden Mädchen. Sie ist der beste Mensch von Sezuan.

DER DRITTE GOTT: Das ist schön.

WANG *zum Publikum:* Als ich vorhin den Becher aufhob, sahen sie mich so eigentümlich an. Sollten sie etwas gemerkt haben? Ich wage ihnen nicht mehr in die Augen zu blicken.

DER DRITTE GOTT: Du bist sehr erschöpft.

WANG: Ein wenig. Vom Laufen.

DER ERSTE GOTT: Haben es die Leute hier sehr schwer?

WANG: Die guten schon.

DER ERSTE GOTT *ernst:* Du auch?

WANG: Ich weiß, was ihr meint. Ich bin nicht gut. Aber ich habe es auch nicht leicht.

Inzwischen ist ein Herr vor dem Haus Shen Te's erschienen und hat mehrmals gepfiffen. Wang ist jedesmal zusammengezuckt.

DER DRITTE GOTT *leise zu Wang:* Ich glaube, jetzt ist er weggegangen.

WANG *verwirrt:* Jawohl.

Er steht auf und läuft auf den Platz, sein Traggerät

zurücklassend. Aber es hat sich bereits folgendes ereignet: Der wartende Mann ist weggegangen und Shen Te, leise aus der Tür tretend und leise „Wang" rufend, ist, Wang suchend, die Straße hinuntergegangen. Als nun Wang leise „Shen Te" ruft, bekommt er keine Antwort.

WANG: Sie hat mich im Stich gelassen. Sie ist weggegangen, um ihre Miete zusammenzubekommen, und ich habe kein Quartier für die Erleuchteten. Sie sind müde und warten. Ich kann ihnen nicht noch einmal kommen mit: Es ist nichts! Mein eigener Unterschlupf, ein Kanalrohr, kommt nicht in Frage. Auch würden die Götter bestimmt nicht bei einem Menschen wohnen wollen, dessen betrügerische Geschäfte sie durchschaut haben. Ich gehe nicht zurück, um nichts in der Welt. Aber mein Traggerät liegt dort. Was machen? Ich wage nicht, es zu holen. Ich will weggehen von der Hauptstadt und mich irgendwo verbergen vor ihren Augen, da es mir nicht gelungen ist, für sie etwas zu tun, die ich verehre. *Er stürzt fort.*

Kaum ist er fort, kommt Shen Te zurück, sucht auf der anderen Seite und sieht die Götter.

SHEN TE: Seid ihr die Erleuchteten? Mein Name ist Shen Te. Ich würde mich freuen, wenn ihr mit meiner Kammer vorlieb nehmen wolltet.

DER DRITTE GOTT: Aber wo ist denn der Wasserverkäufer hin?

SHEN TE: Ich muß ihn verfehlt haben.

DER ERSTE GOTT: Er muß gemeint haben, du kämst nicht, und da hat er sich nicht mehr zu uns getraut.

DER DRITTE GOTT *nimmt das Traggerät auf:* Wir wollen es bei dir einstellen. Er braucht es. *Sie gehen, von Shen Te geführt, ins Haus.*

Es wird dunkel und wieder hell. In der Morgendämmerung treten die Götter aus der Tür, geführt von Shen Te, die ihnen mit einer Lampe leuchtet. Sie verabschieden sich.

DER ERSTE GOTT: Liebe Shen Te, wir danken dir für deine Gastlichkeit. Wir werden nicht vergessen, daß du es warst, die uns aufgenommen hat. Und gib dem Wasserverkäufer sein Gerät zurück und sage ihm, daß wir auch ihm danken, weil er uns einen guten Menschen gezeigt hat.

SHEN TE: Ich bin nicht gut. Ich muß euch ein Geständnis machen: als Wang mich für euch um Obdach anging, schwankte ich.

DER ERSTE GOTT: Schwanken macht nichts, wenn man nur siegt. Wisse, daß du uns mehr gabst als ein Nachtquartier. Vielen, darunter sogar einigen von uns Göttern, sind Zweifel aufgestiegen, ob es überhaupt noch gute Menschen gibt. Hauptsächlich um dies festzustellen, haben wir unsere Reise angetreten. Freudig setzen wir sie jetzt fort, da wir einen schon gefunden haben. Auf Wiedersehen!

SHEN TE: Halt, Erleuchtete, ich bin gar nicht sicher, daß ich gut bin. Ich möchte es wohl sein, nur, wie soll ich meine Miete bezahlen? So will ich es euch denn gestehen: ich verkaufe mich, um leben zu können, aber selbst damit kann ich mich nicht durchbringen, da es so viele gibt, die dies tun müssen. Ich bin zu allem bereit, aber wer ist das nicht?

Freilich würde ich glücklich sein, die Gebote halten zu können der Kindesliebe und der Wahrhaftigkeit. Nicht begehren meines Nächsten Haus, wäre mir eine Freude, und einem Mann anhängen in Treue, wäre mir angenehm. Auch ich möchte aus keinem meinen Nutzen ziehen und den Hilflosen nicht berauben. Aber wie soll ich dies alles? Selbst wenn ich einige Gebote nicht halte, kann ich kaum durchkommen.

DER ERSTE GOTT: Dies alles, Shen Te, sind nichts als die Zweifel eines guten Menschen.

DER DRITTE GOTT: Leb wohl, Shen Te! Grüße mir auch den Wasserträger recht herzlich. Er war uns ein guter Freund.

DER ZWEITE GOTT: Ich fürchte, es ist ihm schlecht bekommen.

DER DRITTE GOTT: Laß es dir gut gehen!

DER ERSTE GOTT: Vor allem sei gut, Shen Te! Leb wohl!

Sie wenden sich zum Gehen. Sie winken schon.

SHEN TE *angstvoll:* Aber ich bin meiner nicht sicher, Erleuchtete. Wie soll ich gut sein, wo alles so teuer ist?

DER ZWEITE GOTT: Da können wir leider nichts tun. In das Wirtschaftliche können wir uns nicht mischen.

DER DRITTE GOTT: Halt! Wartet einen Augenblick! Wenn sie etwas mehr hätte, könnte sie es vielleicht eher schaffen.

DER ZWEITE GOTT: Wir können ihr nichts geben. Das könnten wir oben nicht verantworten.

DER ERSTE GOTT: Warum nicht?

*Sie stecken die Köpfe zusammen und diskutieren auf-
geregt.*

DER ERSTE GOTT *zu Shen Te, verlegen:* Wir hören,
du hast deine Miete nicht zusammen. Wir sind keine
armen Leute und bezahlen natürlich unser Nachtlager! Hier! *Er gibt ihr Geld.* Sprich aber zu niemand darüber, daß wir bezahlten. Es könnte miß-
deutet werden.
DER ZWEITE GOTT: Sehr.
DER DRITTE GOTT: Nein, das ist erlaubt. Wir können
ruhig unser Nachtlager bezahlen. In dem Beschluß
stand kein Wort dagegen. Also auf Wiedersehen!

Die Götter schnell ab.

1

Ein kleiner Tabakladen

Der Laden ist noch nicht ganz eingerichtet und noch nicht eröffnet.

SHEN TE *zum Publikum:* Drei Tage ist es her, seit die Götter weggezogen sind. Sie sagten, sie wollten mir ihr Nachtlager bezahlen. Und als ich sah, was sie mir gegeben hatten, sah ich, daß es über tausend Silberdollar waren. – Ich habe mir mit dem Geld einen Tabakladen gekauft. Gestern bin ich hier eingezogen, und ich hoffe, jetzt viel Gutes tun zu können. Da ist zum Beispiel die Frau Shin, die frühere Besitzerin des Ladens. Schon gestern kam sie und bat mich um Reis für ihre Kinder. Auch heute sehe ich sie wieder über den Platz kommen mit ihrem Topf.

Herein die Shin. Die Frauen verbeugen sich voreinander.

SHEN TE: Guten Tag, Frau Shin.

DIE SHIN: Guten Tag, Fräulein Shen Te. Wie gefällt es Ihnen in Ihrem neuen Heim?

SHEN TE: Gut. Wie haben Ihre Kinder die Nacht zugebracht?

DIE SHIN: Ach, in einem fremden Haus, wenn man diese Baracke ein Haus nennen darf. Das Kleinste hustet schon.

SHEN TE: Das ist schlimm.

DIE SHIN: Sie wissen ja gar nicht, was schlimm ist,

Ihnen geht es gut. Aber Sie werden noch allerhand Erfahrungen machen hier in dieser Bude. Dies ist ein Elendsviertel.

SHEN TE: Mittags kommen doch, wie Sie mir sagten, die Arbeiter aus der Zementfabrik?

DIE SHIN: Aber sonst kauft kein Mensch, nicht einmal die Nachbarschaft.

SHEN TE: Davon sagten Sie mir nichts, als Sie mir den Laden verkauften.

DIE SHIN: Machen Sie mir nur nicht jetzt auch noch Vorwürfe! Zuerst rauben Sie mir und meinen Kindern das Heim und dann heißt es eine Bude und Elendsviertel. Das ist der Gipfel. *Sie weint.*

SHEN TE *schnell:* Ich hole Ihnen gleich den Reis.

DIE SHIN: Ich wollte Sie auch bitten, mir etwas Geld zu leihen.

SHEN TE *während sie ihr den Reis in den Topf schüttet:* Das kann ich nicht. Ich habe doch noch nichts verkauft.

DIE SHIN: Ich brauche es aber. Von was soll ich leben? Sie haben mir alles weggenommen. Jetzt drehen Sie mir die Gurgel zu. Ich werde Ihnen meine Kinder vor die Schwelle setzen, Sie Halsabschneiderin! *Sie reißt ihr den Topf aus den Händen.*

SHEN TE: Seien Sie nicht so zornig! Sie schütten noch den Reis aus!

Herein ein ältliches Paar und ein schäbig gekleideter Mensch.

DIE FRAU: Ach, meine liebe Shen Te, wir haben gehört, daß es dir jetzt so gut geht. Du bist ja eine Geschäftsfrau geworden! Denk dir, wir sind eben ohne

Bleibe. Unser Tabakladen ist eingegangen. Wir haben uns gefragt, ob wir nicht bei dir für eine Nacht unterkommen können. Du kennst meinen Neffen? Er ist mitgekommen, er trennt sich nie von uns.

DER NEFFE *sich umschauend:* Hübscher Laden!

DIE SHIN: Was sind denn das für welche?

SHEN TE: Als ich vom Land in die Stadt kam, waren sie meine ersten Wirtsleute. *Zum Publikum:* Als mein bißchen Geld ausging, hatten sie mich auf die Straße gesetzt. Sie fürchten vielleicht, daß ich jetzt nein sage. Sie sind arm.

> Sie sind ohne Obdach.
> Sie sind ohne Freunde.
> Sie brauchen jemand.
> Wie könnte man da nein sagen?

Freundlich zu den Ankömmlingen: Seid willkommen! Ich will euch gern Obdach geben. Allerdings habe ich nur ein kleines Kämmerchen hinter dem Laden.

DER MANN: Das genügt uns. Mach dir keine Sorge.

DIE FRAU *während Shen Te Tee bringt:* Wir lassen uns am besten hier hinten nieder, damit wir dir nicht im Weg sind. Du hast wohl einen Tabakladen in Erinnerung an dein erstes Heim gewählt? Wir werden dir einige Winke geben können. Das ist auch der Grund, warum wir zu dir kommen.

DIE SHIN *höhnisch:* Hoffentlich kommen auch Kunden?

DIE FRAU: Das geht wohl auf uns?

DER MANN: Psst! Da ist schon ein Kunde!

Ein abgerissener Mann tritt ein.

DER ABGERISSENE MANN: Entschuldigen Sie. Ich bin arbeitslos.

Die Shin lacht.

SHEN TE: Womit kann ich Ihnen dienen?

DER ARBEITSLOSE: Ich höre, Sie eröffnen morgen. Da dachte ich, beim Auspacken wird manchmal etwas beschädigt. Haben Sie eine Zigarette übrig?

DIE FRAU: Das ist stark, Tabak zu betteln! Wenn es noch Brot wäre!

DER ARBEITSLOSE: Brot ist teuer. Ein paar Züge aus einer Zigarette, und ich bin ein neuer Mensch. Ich bin so kaputt.

SHEN TE *gibt ihm Zigaretten:* Das ist wichtig, ein neuer Mensch zu sein. Ich will meinen Laden mit Ihnen eröffnen, Sie werden mir Glück bringen.

Der Arbeitslose zündet sich schnell eine Zigarette an, inhaliert und geht hustend ab.

DIE FRAU: War das richtig, liebe Shen Te?

DIE SHIN: Wenn Sie den Laden so eröffnen, werden Sie ihn keine drei Tage haben.

DER MANN: Ich wette, er hatte noch Geld in der Tasche.

SHEN TE: Er sagte doch, daß er nichts hat.

DER NEFFE: Woher wissen Sie, daß er Sie nicht angelogen hat?

SHEN TE *aufgebracht:* Woher weiß ich, daß er mich angelogen hat!

DIE FRAU *kopfschüttelnd:* Sie kann nicht nein sagen! Du bist zu gut, Shen Te. Wenn du deinen Laden behalten willst, mußt du die eine oder andere Bitte abschlagen können.

DER MANN: Sag doch, er gehört dir nicht. Sag, er gehört einem Verwandten, einem Vetter zum Beispiel, der von dir genaue Abrechnung verlangt. Kannst du das nicht?

DIE SHIN: Das könnte man, wenn man sich nicht immer als Wohltäterin aufspielen müßte.

SHEN TE *lacht:* Schimpft nur! Ich werde euch gleich das Quartier aufsagen, und den Reis werde ich zurückschütten!

DIE FRAU *entsetzt:* Ist der Reis auch von dir?

SHEN TE *zum Publikum:*
> Sie sind schlecht.
> Sie sind niemandes Freund.
> Sie gönnen keinem einen Topf Reis.
> Sie brauchen alles selber.
> Wer könnte sie schelten?

Herein ein kleiner Mann.

DIE SHIN *sieht ihn an und bricht hastig auf:* Ich sehe morgen wieder her. *Ab.*

DER KLEINE MANN *ruft ihr nach:* Halt, Frau Shin! Sie brauche ich gerade!

DIE FRAU: Kommt die regelmäßig? Hat sie denn einen Anspruch an dich?

SHEN TE: Sie hat keinen Anspruch, aber sie hat Hunger: das ist mehr.

DER KLEINE MANN: Die weiß, warum sie rennt. Sind Sie die neue Ladeninhaberin? Ach, Sie packen schon die Stellagen voll! Aber die gehören Ihnen nicht, Sie! Außer Sie bezahlen sie. Das Lumpenpack, das hier gesessen ist, hat sie nicht bezahlt. *Zu den andern:* Ich bin nämlich der Schreiner.

SHEN TE: Aber ich dachte, das gehört zur Einrichtung, die ich bezahlt habe?

DER SCHREINER: Betrug! Alles Betrug! Sie stecken natürlich mit dieser Shin unter einer Decke! Ich verlange meine 100 Silberdollar, so wahr ich Lin To heiße.

SHEN TE: Wie soll ich das bezahlen, ich habe kein Geld mehr.

DER SCHREINER: Dann lasse ich Sie einsteigern. Sofort! Sie bezahlen sofort, oder ich lasse Sie einsteigern.

DER MANN *souffliert Shen Te:* Vetter!

SHEN TE: Kann es nicht im nächsten Monat sein?

DER SCHREINER *schreiend:* Nein!

SHEN TE: Seien Sie nicht hart, Herr Lin To. Ich kann nicht allen Forderungen sofort nachkommen. *Zum Publikum:*

Ein wenig Nachsicht und die Kräfte verdoppeln sich.
Sieh, der Karrengaul hält vor einem Grasbüschel:
Ein Durch-die-Finger-Sehen und der Gaul zieht besser.
Noch im Juni ein wenig Geduld und der Baum
Beugt sich im August unter den Pfirsichen. Wie
Sollen wir zusammen leben ohne Geduld?
Mit einem kleinen Aufschub
Werden die weitesten Ziele erreicht.

Zum Schreiner: Nur ein Weilchen gedulden Sie sich, Herr Lin To!

DER SCHREINER: Und wer geduldet sich mit mir und mit meiner Familie? *Er rückt eine Stellage von der Wand; als wolle er sie mitnehmen.* Sie bezahlen, oder ich nehme die Stellagen mit!

DIE FRAU: Meine liebe Shen Te, warum übergibst du nicht deinem Vetter die Angelegenheit? *Zum Schreiner:* Schreiben Sie Ihre Forderung auf und Fräulein Shen Te's Vetter wird bezahlen.

DER SCHREINER: Solche Vettern kennt man!

DER NEFFE: Lach nicht so dumm! Ich kenne ihn persönlich.

DER MANN: Ein Mann wie ein Messer.

DER SCHREINER: Schön, er soll meine Rechnung haben.

Er kippt die Stellage um, setzt sich darauf und schreibt seine Rechnung.

DIE FRAU *zu Shen Te:* Er wird dir das Hemd vom Leibe reißen für seine paar Bretter, wenn ihm nicht Halt geboten wird. Erkenne nie eine Forderung an, berechtigt oder nicht, denn sofort wirst du überrannt mit Forderungen, berechtigt oder nicht. Wirf ein Stück Fleisch in eine Kehrrichttonne, und alle Schlachterhunde des Viertels beißen sich in deinem Hof. Wozu gibt's die Gerichte?

SHEN TE: Die Gerichte werden ihn nicht ernähren, wenn seine Arbeit es nicht tut. Er hat gearbeitet und will nicht leer ausgehen. Und er hat seine Familie. Es ist schlimm, daß ich ihn nicht bezahlen kann! Was werden die Götter sagen?

DER MANN: Du hast dein Teil getan, als du uns aufnahmst, das ist übergenug.

Herein ein hinkender Mann und eine schwangere Frau.

DER HINKENDE *zum Paar:* Ach, hier seid ihr! Ihr seid ja saubere Verwandte! Uns einfach an der Straßenecke stehen zu lassen!

DIE FRAU *verlegen zu Shen Te:* Das ist mein Bruder Wung und die Schwägerin. *Zu den beiden:* Schimpft nicht und setzt euch ruhig in die Ecke, damit ihr Fräulein Shen Te, unsere alte Freundin, nicht stört. *Zu Shen Te:* Ich glaube, wir müssen die beiden aufnehmen, da die Schwägerin im fünften Monat ist. Oder bist du nicht der Ansicht?

SHEN TE: Seid willkommen!

DIE FRAU: Bedankt euch. Schalen stehen dort hinten. *Zu Shen Te:* Die hätten überhaupt nicht gewußt, wohin. Gut, daß du den Laden hast!

SHEN TE *lachend zum Publikum, Tee bringend:* Ja, gut, daß ich ihn habe!

Herein die Hausbesitzerin, Frau Mi Tzü, ein Formular in der Hand.

DIE HAUSBESITZERIN: Fräulein Shen Te, ich bin die Hausbesitzerin, Frau Mi Tzü. Ich hoffe, wir werden gut miteinander auskommen. Das ist ein Mietskontrakt. *Während Shen Te den Kontrakt durchliest:* Ein schöner Augenblick, die Eröffnung eines kleinen Geschäfts, nicht wahr, meine Herrschaften? *Sie schaut sich um.* Ein paar Lücken sind ja noch auf den Stellagen, aber es wird schon gehen. Einige Referenzen werden Sie mir wohl beibringen können?

SHEN TE: Ist das nötig?

DIE HAUSBESITZERIN: Aber ich weiß doch gar nicht, wer Sie sind.

DER MANN: Vielleicht könnten wir für Fräulein Shen Te bürgen? Wir kennen sie, seit sie in die Stadt gekommen ist, und legen jederzeit die Hand für sie ins Feuer.

DIE HAUSBESITZERIN: Und wer sind Sie?

DER MANN: Ich bin der Tabakhändler Ma Fu.

DIE HAUSBESITZERIN: Wo ist ihr Laden?

DER MANN: Im Augenblick habe ich keinen Laden. Sehen Sie, ich habe ihn eben verkauft.

DIE HAUSBESITZERIN: So. *Zu Shen Te:* Und sonst haben Sie niemand, bei dem ich über Sie Auskünfte einholen kann?

DIE FRAU *souffliert:* Vetter! Vetter!

DIE HAUSBESITZERIN: Sie müssen doch jemand haben, der mir dafür Gewähr bietet, was ich ins Haus bekomme. Das ist ein respektables Haus, meine Liebe. Ohne das kann ich mit Ihnen überhaupt keinen Kontrakt abschließen.

SHEN TE *langsam, mit niedergeschlagenen Augen:* Ich habe einen Vetter.

DIE HAUSBESITZERIN: Ach, Sie haben einen Vetter. Am Platz? Da können wir doch gleich hingehen. Was ist er?

SHEN TE: Er wohnt nicht hier, sondern in einer anderen Stadt.

DIE FRAU: Sagtest du nicht in Schun?

SHEN TE: Herr ... Shui Ta. In Schun!

DER MANN: Aber den kenne ich ja überhaupt! Ein Großer, Dürrer.

DER NEFFE *zum Schreiner:* Sie haben doch auch mit Fräulein Shen Te's Vetter verhandelt! Über die Stellagen!

DER SCHREINER *mürrisch:* Ich schreibe für ihn gerade die Rechnung aus. Da ist sie! *Er übergibt sie.* Morgen früh komme ich wieder! *Ab.*

DER NEFFE *ruft ihm nach, auf die Hausbezitzerin schielend:* Seien Sie ganz ruhig, der Herr Vetter bezahlt es!

DIE HAUSBESITZERIN *Shen Te scharf musternd:* Nun, es wird mich auch freuen, ihn kennenzulernen. Guten Abend, Fräulein. *Ab.*

DIE FRAU *nach einer Pause:* Jetzt kommt alles auf! Du kannst sicher sein, morgen früh weiß die Bescheid über dich.

DIE SCHWÄGERIN *leise zum Neffen:* Das wird hier nicht lange dauern!

Herein ein Greis, geführt von einem Jungen.

DER JUNGE *nach hinten:* Da sind sie.

DIE FRAU: Guten Tag, Großvater. *Zu Shen Te:* Der gute Alte! Er hat sich wohl um uns gesorgt. Und der Junge, ist er nicht groß geworden? Er frißt wie ein Scheunendrescher. Wen habt ihr denn noch alles mit?

DER MANN *hinausschauend:* Nur noch die Nichte.

DIE FRAU *zu Shen Te:* Eine junge Verwandte vom Land. Hoffentlich sind wir dir nicht zu viele. So viele waren wir noch nicht, als du bei uns wohntest, wie? Ja, wir sind immer mehr geworden. Je schlechter es ging, desto mehr wurden wir. Und je mehr wir wurden, desto schlechter ging es. Aber jetzt riegeln wir hier ab, sonst gibt es keine Ruhe.

Sie sperrt die Türe zu, und alle setzen sich.

DIE FRAU: Die Hauptsache ist, daß wir dich nicht im Geschäft stören. Denn wovon soll sonst der Schornstein rauchen? Wir haben uns das so gedacht: am

Tag gehen die Jüngeren weg, und nur der Großvater, die Schwägerin und vielleicht ich bleiben. Die
anderen sehen höchstens einmal oder zweimal herein untertags, nicht? Zündet die Lampe dort an und
macht es euch gemütlich.

DER NEFFE *humoristisch:* Wenn nur nicht der Vetter
heut nacht hereinplatzt, der gestrenge Herr Shui Ta!

Die Schwägerin lacht.

DER BRUDER *langt nach einer Zigarette:* Auf eine wird
es wohl nicht ankommen!

DER MANN: Sicher nicht.

*Alle nehmen sich zu rauchen. Der Bruder reicht einen
Krug Wein herum.*

DER NEFFE: Der Vetter bezahlt es!

DER GROSSVATER *ernst zu Shen Te:* Guten Tag!

*Shen Te, verwirrt durch die späte Begrüßung, verbeugt
sich. Sie hat in der einen Hand die Rechnung des
Schreiners, in der andern den Mietskontrakt.*

DIE FRAU: Könnt ihr nicht etwas singen, damit die
Gastgeberin etwas Unterhaltung hat?

DER NEFFE: Der Großvater fängt an! *Sie singen:*

DAS LIED VOM RAUCH

DER GROSSVATER:
Einstmals, vor das Alter meine Haare bleichte
Hofft' mit Klugheit ich mich durchzuschlagen.
Heute weiß ich, keine Klugheit reichte
Je, zu füllen eines armen Mannes Magen.

Darum sagt' ich: laß es!
Sieh den grauen Rauch
Der in immer kältre Kälten geht: so
Gehst du auch.

DER MANN:
  Sah den Redlichen, den Fleißigen geschunden
  So versucht' ich's mit dem krummen Pfad.
  Doch auch der führt unsereinen nur nach unten
  Und so weiß ich mir halt fürder keinen Rat.
          Und so sag ich: laß es!
          Sieh den grauen Rauch
          Der in immer kältre Kälten geht: so
          Gehst du auch.

DIE NICHTE:
  Die da alt sind, hör ich, haben nichts zu hoffen
  Denn nur Zeit schafft's, und an Zeit gebricht's.
  Doch uns Jungen, hör ich, steht das Tor weit offen
  Freilich, hör ich, steht es offen nur ins Nichts.
          Und auch ich sag: laß es!
          Sieh den grauen Rauch
          Der in immer kältre Kälten geht: so
          Gehst du auch.

DER NEFFE: Woher hast du den Wein?
DIE SCHWÄGERIN: Er hat den Sack mit Tabak versetzt.
DER MANN: Was? Dieser Tabak war das einzige, das
  uns noch blieb! Nicht einmal für ein Nachtlager
  haben wir ihn angegriffen! Du Schwein!
DER BRUDER: Nennst du mich ein Schwein, weil es
  meine Frau friert? Und hast selber getrunken? Gib
  sofort den Krug her!

Sie raufen sich. Die Tabakstellagen stürzen um.

SHEN TE *beschwört sie:* Oh, schont den Laden, zerstört nicht alles! Er ist ein Geschenk der Götter! Nehmt euch, was da ist, aber zerstört es nicht!

DIE FRAU *skeptisch:* Der Laden ist kleiner, als ich dachte. Wir hätten vielleicht doch nicht der Tante und den andern davon erzählen sollen. Wenn sie auch noch kommen, wird es eng hier.

DIE SCHWÄGERIN: Die Gastgeberin ist auch schon ein wenig kühler geworden!

Von draußen kommen Stimmen, und es wird an die Tür geklopft.

RUFE: Macht auf! – Wir sind es!

DIE FRAU: Bist du es, Tante? Was machen wir da?

SHEN TE: Mein schöner Laden! O Hoffnung! Kaum eröffnet, ist er schon kein Laden mehr! *Zum Publikum:*

> Der Rettung kleiner Nachen
> Wird sofort in die Tiefe gezogen:
> Zu viele Versinkende
> Greifen gierig nach ihm.

RUFE *von draußen:* Macht auf!

ZWISCHENSPIEL
UNTER EINER BRÜCKE

Am Fluß kauert der Wasserverkäufer.

WANG *sich umblickend:* Alles ruhig. Seit vier Tagen
verberge ich mich jetzt schon. Sie können mich nicht
finden, da ich die Augen offen halte. Ich bin absichtlich entlang ihrer Wegrichtung geflohen. Am zweiten
Tage haben sie die Brücke passiert, ich hörte ihre
Schritte über mir. Jetzt müssen sie schon weit weg
sein, ich bin vor ihnen sicher.

*Er hat sich zurückgelegt und schläft ein. Musik. Die
Böschung wird durchsichtig, und es erscheinen die
Götter.*

WANG *hebt den Arm vors Gesicht, als sollte er geschlagen werden:* Sagt nichts, ich weiß alles! Ich habe
niemand gefunden, der euch aufnehmen will, in keinem Haus! Jetzt wißt ihr es! Jetzt geht weiter!

DER ERSTE GOTT: Doch, du hast jemand gefunden. Als
du weg warst, kam er. Er nahm uns auf für die
Nacht, er behütete unseren Schlaf, und er leuchtete
uns mit einer Lampe am Morgen, als wir ihn ver-
ließen. Du aber hast ihn uns genannt als einen guten
Menschen, und er war gut.

WANG: So war es Shen Te, die euch aufnahm?

DER DRITTE GOTT: Natürlich.

WANG: Und ich Kleingläubiger bin fortgelaufen! Nur
weil ich dachte: sie kann nicht kommen. Da es ihr
schlecht geht, kann sie nicht kommen.

DIE GÖTTER:

O du schwacher
Gut gesinnter, aber schwacher Mensch!
Wo da Not ist, denkt er, gibt es keine Güte!
Wo Gefahr ist, denkt er, gibt es keine Tapferkeit!
O Schwäche, die an nichts ein gutes Haar läßt!
O schnelles Urteil! O leichtfertige Verzweiflung!

WANG: Ich schäme mich sehr, Erleuchtete!

DER ERSTE GOTT: Und jetzt, Wasserverkäufer, tu uns den Gefallen und geh schnell zurück nach der Hauptstadt und sieh nach der guten Shen Te dort, damit du uns von ihr berichten kannst. Es geht ihr jetzt gut. Sie soll das Geld zu einem kleinen Laden bekommen haben, so daß sie dem Zug ihres milden Herzens ganz folgen kann. Bezeig du Interesse an ihrer Güte, denn keiner kann lang gut sein, wenn nicht Güte verlangt wird. Wir aber wollen weiter wandern und suchen und noch andere Menschen finden, die unserem guten Menschen von Sezuan gleichen, damit das Gerede aufhört, daß es für die Guten auf unserer Erde nicht mehr zu leben ist.

Sie verschwinden.

2

Der Tabakladen

Überall schlafende Leute. Die Lampe brennt noch. Es klopft.

DIE FRAU *erhebt sich schlaftrunken:* Shen Te! Es klopft! Wo ist sie denn?

DER NEFFE: Sie holt wohl Frühstück. Der Herr Vetter bezahlt es!

Die Frau lacht und schlurft zur Tür. Herein ein junger Herr, hinter ihm der Schreiner.

DER JUNGE HERR: Ich bin der Vetter.

DIE FRAU *aus den Wolken fallend:* Was sind Sie?

DER JUNGE HERR: Mein Name ist Shui Ta.

DIE GÄSTE *sich gegenseitig aufrüttelnd:* Der Vetter! – Aber das war doch ein Witz, sie hat ja gar keinen Vetter! – Aber hier ist jemand, der sagt, er ist der Vetter! – Unglaublich, so früh am Tag!

DER NEFFE: Wenn Sie der Vetter der Gastgeberin sind, Herr, dann schaffen Sie uns schleunigst etwas zum Frühstück!

SHUI TA *die Lampe auslöschend:* Die ersten Kunden kommen bald, bitte, ziehen Sie sich schnell an, daß ich meinen Laden aufmachen kann.

DER MANN: Ihren Laden? Ich denke, das ist der Laden unserer Freundin Shen Te? *Shui Ta schüttelt den Kopf.* Was, das ist gar nicht ihr Laden?

DIE SCHWÄGERIN: Da hat sie uns also angeschmiert! Wo steckt sie überhaupt?

SHUI TA: Sie ist abgehalten. Sie läßt Ihnen sagen, daß

sie nunmehr, nachdem ich da bin, nichts mehr für Sie tun kann.

DIE FRAU *erschüttert:* Und wir hielten sie für einen guten Menschen!

DER NEFFE: Glaubt ihm nicht! Sucht sie!

DER MANN: Ja, das wollen wir. *Er organisiert:* Du und du und du und du, ihr sucht sie überall. Wir und Großvater bleiben hier, die Festung zu halten. Der Junge kann inzwischen etwas zum Essen besorgen. *Zum Jungen:* Siehst du den Kuchenbäcker dort am Eck? Schleich dich hin und stopf dir die Bluse voll.

DIE SCHWÄGERIN: Nimm auch ein paar von den kleinen hellen Kuchen!

DER MANN: Aber gib acht, daß der Bäcker dich nicht erwischt. Und komm dem Polizisten nicht in die Quere!

Der Junge nickt und geht weg. Die übrigen ziehen sich vollends an.

SHUI TA: Wird ein Kuchendiebstahl nicht diesen Laden, der Ihnen Zuflucht gewährt hat, in schlechten Ruf bringen?

DER NEFFE: Kümmert euch nicht um ihn, wir werden sie schnell gefunden haben. Sie wird ihm schön heimleuchten.

Der Neffe, der Bruder, die Schwägerin und die Nichte ab.

DIE SCHWÄGERIN *im Abgehen:* Laßt uns etwas übrig vom Frühstück!

SHUI TA *ruhig:* Sie werden sie nicht finden. Meine Kusine bedauert natürlich, das Gebot der Gastfreundschaft nicht auf unbegrenzte Zeit befolgen zu können. Aber Sie sind leider zu viele! Dies hier ist ein Tabakladen, und Fräulein Shen Te lebt davon.

DER MANN: Unsere Shen Te würde so etwas überhaupt nicht über die Lippen bringen.

SHUI TA: Sie haben vielleicht recht. *Zum Schreiner:* Das Unglück besteht darin, daß die Not in dieser Stadt zu groß ist, als daß ein einzelner Mensch ihr steuern könnte. Darin hat sich betrüblicherweise nichts geändert in den elfhundert Jahren, seit jemand den Vierzeiler verfaßte:
Der Gouvernör, befragt, was nötig wäre
Den Frierenden der Stadt zu helfen, anwortete:
Eine zehntausend Fuß lange Decke
Welche die ganzen Vorstädte einfach zudeckt.

Er macht sich daran, den Laden aufzuräumen.

DER SCHREINER: Ich sehe, daß Sie sich bemühen, die Angelegenheiten Ihrer Kusine zu ordnen. Da ist eine kleine Schuld für die Stellagen zu begleichen, anerkannt vor Zeugen. 100 Silberdollar.

SHUI TA *die Rechnung aus der Tasche ziehend, nicht unfreundlich:* Glauben Sie nicht, daß 100 Silberdollar etwas zu viel sind?

DER SCHREINER: Nein. Ich kann auch nichts ablassen. Ich habe Frau und Kinder zu ernähren.

SHUI TA *hart:* Wie viele Kinder?

DER SCHREINER: Vier.

SHUI TA: Dann biete ich Ihnen 20 Silberdollar.

Der Mann lacht.

DER SCHREINER: Sind Sie verrückt? Diese Stellagen sind aus Nußbaum!

SHUI TA: Dann nehmen Sie sie weg.

DER SCHREINER: Was heißt das?

SHUI TA: Sie sind zu teuer für mich. Ich ersuche Sie, die Nußbaumstellagen wegzunehmen.

DIE FRAU: Das ist gut gegeben! *Sie lacht ebenfalls.*

DER SCHREINER *unsicher:* Ich verlange, daß Fräulein Shen Te geholt wird. Sie ist anscheinend ein besserer Mensch als Sie.

SHUI TA: Gewiß. Sie ist ruiniert.

DER SCHREINER *nimmt resolut eine Stellage und trägt sie zur Tür:* Da können Sie Ihre Rauchwaren ja auf dem Boden aufstapeln! Mir kann es recht sein.

SHUI TA *zu dem Mann:* Helfen Sie ihm!

DER MANN *packt ebenfalls eine Stellage und trägt sie grinsend zur Tür:* Also hinaus mit den Stellagen!

DER SCHREINER: Du Hund! Soll meine Familie verhungern?

SHUI TA: Ich biete Ihnen noch einmal 20 Silberdollar, da ich meine Rauchwaren nicht auf dem Boden aufstapeln will.

DER SCHREINER: 100!

Shui Ta schaut gleichmütig zum Fenster hinaus. Der Mann schickt sich an, die Stellage hinauszutragen.

DER SCHREINER: Zerbrich sie wenigstens nicht am Türbalken, Idiot! *Verzweifelt:* Aber sie sind doch nach Maß gearbeitet! Sie passen in dieses Loch und sonst nirgends hin. Die Bretter sind verschnitten, Herr!

SHUI TA: Eben. Darum biete ich Ihnen auch nur 20 Silberdollar. Weil die Bretter verschnitten sind.

Die Frau quietscht vor Vergnügen.

DER SCHREINER *plötzlich müde:* Da kann ich nicht mehr mit. Behalten Sie die Stellagen und bezahlen Sie, was Sie wollen.

SHUI TA: 20 Silberdollar.

Er legt zwei große Münzen auf den Tisch. Der Schreiner nimmt sie.

DER MANN *die Stellagen zurücktragend:* Genug für einen Haufen verschnittener Bretter.

DER SCHREINER: Ja, genug vielleicht, mich zu betrinken! *Ab.*

DER MANN: Den haben wir draußen!

DIE FRAU *sich die Lachtränen trocknend:* „Sie sind aus Nußbaum!" – „Nehmen Sie sie weg!" – „100 Silberdollar! Ich habe vier Kinder!" – „Dann zahle ich 20!" – „Aber sie sind doch verschnitten!" – „Eben! 20 Silberdollar!" – So muß man diese Typen behandeln!

SHUI TA: Ja. *Ernst:* Geht schnell weg.

DER MANN: Wir?

SHUI TA: Ja, ihr. Ihr seid Diebe und Schmarotzer. Wenn ihr schnell geht, ohne Zeit mit Widerrede zu vergeuden, könnt ihr euch noch retten.

DER MANN: Es ist am besten, ihm gar nicht zu antworten. Nur nicht schreien mit nüchternem Magen. Ich möcht wissen, wo bleibt der Junge?

SHUI TA: Ja, wo bleibt der Junge? Ich sagte euch vorhin, daß ich ihn nicht mit gestohlenem Kuchen in meinem Laden haben will. *Plötzlich schreiend:* Noch einmal: geht!

Sie bleiben sitzen.

SHUI TA *wieder ganz ruhig:* Wie ihr wollt.

Er geht zur Tür und grüßt tief hinaus. In der Tür taucht ein Polizist auf.

SHUI TA: Ich vermute, ich habe den Beamten vor mir, der dieses Viertel betreut?

DER POLIZIST: Jawohl, Herr . . .

SHUI TA: Shui Ta. *Sie lächeln einander an.* Angenehmes Wetter heute!

DER POLIZIST: Nur ein wenig warm vielleicht.

SHUI TA: Vielleicht ein wenig warm.

DER MANN *leise zu seiner Frau:* Wenn er quatscht, bis der Junge zurückkommt, sind wir geschnappt.

Er versucht, Shui Ta heimlich ein Zeichen zu geben.

SHUI TA *ohne es zu beachten:* Es macht einen Unterschied, ob man das Wetter in einem kühlen Lokal beurteilt oder auf der staubigen Straße.

DER POLIZIST: Einen großen Unterschied.

DIE FRAU *zum Mann:* Sei ganz ruhig! Der Junge kommt nicht, wenn er den Polizisten in der Tür stehen sieht.

SHUI TA: Treten Sie doch ein. Es ist wirklich kühler hier. Meine Kusine und ich haben einen Laden eröffnet. Lassen Sie mich Ihnen sagen, daß wir den größten Wert darauf legen, mit der Behörde auf gutem Fuß zu stehen.

DER POLIZIST *tritt ein:* Sie sind sehr gütig, Herr Shui Ta. Ja, hier ist es wirklich kühl.

DER MANN *leise:* Er nimmt ihn extra herein, damit der Junge ihn nicht stehen sieht.

SHUI TA: Gäste! Entfernte Bekannte meiner Kusine, wie ich höre. Sie sind auf einer Reise begriffen *Man verbeugt sich.* Wir waren eben dabei, uns zu verabschieden.

DER MANN *heiser:* Ja, da gehen wir also.

SHUI TA: Ich werde meiner Kusine bestellen, daß Sie ihr für das Nachtquartier danken, aber keine Zeit hatten, auf ihre Rückkehr zu warten.

Von der Straße Lärm und Rufe: „Haltet den Dieb!"

DER POLIZIST: Was ist das?

In der Tür steht der Junge. Aus der Bluse fallen ihm Fladen und kleine Kuchen. Die Frau winkt ihm verzweifelt, er solle hinaus. Er wendet sich und will weg.

DER POLIZIST: Halt du! *Er faßt ihn.* Woher hast du die Kuchen?

DER JUNGE: Von da drüben.

DER POLIZIST: Oh! Diebstahl, wie?

DIE FRAU: Wir wußten nichts davon. Der Junge hat es auf eigene Faust gemacht. Du Nichtsnutz!

DER POLIZIST: Herr Shui Ta, können Sie den Vorfall aufklären.

Shui Ta schweigt.

DER POLIZIST: Aha. Ihr kommt alle mit auf die Wache.

SHUI TA: Ich bin außer mir, daß in meinem Lokal so etwas passieren konnte.

DIE FRAU: Er hat zugesehen, als der Junge wegging!

SHUI TA: Ich kann Ihnen versichern, Herr Polizist,

daß ich Sie kaum hereingebeten hätte, wenn ich einen Diebstahl hätte decken wollen.

DER POLIZIST: Das ist klar. Sie werden also auch verstehen, Herr Shui Ta, daß es meine Pflicht ist, diese Leute abzuführen. *Shui Ta verbeugt sich.* Vorwärts mit euch! *Er treibt sie hinaus.*

DER GROSSVATER *friedlich unter der Tür:* Guten Tag.

Alle außer Shui Ta ab. Shui Ta räumt weiter auf. Eintritt die Hausbesitzerin.

DIE HAUSBESITZERIN: So, Sie sind dieser Herr Vetter! Was bedeutet das, daß die Polizei aus diesem meinem Haus Leute abführt? Wie kommt Ihre Kusine dazu, hier ein Absteigequartier aufzumachen? Das hat man davon, wenn man Leute ins Haus nimmt, die gestern noch in Fünfkäschkämmerchen gehaust und vom Bäcker an der Ecke Hirsefladen erbettelt haben! Sie sehen, ich weiß Bescheid.

SHUI TA: Das sehe ich. Man hat Ihnen Übles von meiner Kusine erzählt. Man hat sie beschuldigt, gehungert zu haben! Es ist notorisch, daß sie in Armut lebte. Ihr Leumund ist der allerschlechteste: es ging ihr elend!

DIE HAUSBESITZERIN: Sie war eine ganz gewöhnliche ...

SHUI TA: Unbemittelte, sprechen wir das harte Wort aus!

DIE HAUSBESITZERIN: Ach, bitte, keine Gefühlsduseleien! Ich spreche von ihrem Lebenswandel, nicht von ihren Einkünften. Ich bezweifle nicht, daß es da gewisse Einkünfte gegeben hat, sonst gäbe es diesen Laden nicht. Einige ältere Herren werden schon gesorgt haben. Woher bekommt man einen Laden? Herr, dies ist ein respektables Haus! Die Leute, die hier Miete zahlen, wünschen nicht, mit einer solchen Person unter einem Dach zu wohnen, jawohl. *Pause.* Ich bin kein Unmensch, aber ich muß Rücksichten nehmen.

SHUI TA *kalt:* Frau Mi Tzü, ich bin beschäftigt. Sagen Sie mir einfach, was es uns kosten wird, in diesem respektablen Haus zu wohnen.

DIE HAUSBESITZERIN: Ich muß sagen, Sie sind jedenfalls kaltblütig.

SHUI TA *zieht aus dem Ladentisch den Mietskontrakt:* Die Miete ist sehr hoch. Ich entnehme diesem Kontrakt, daß sie monatlich zu entrichten ist.

DIE HAUSBESITZERIN *schnell:* Aber nicht für Leute wie Ihre Kusine.

SHUI TA: Was heißt das?

DIE HAUSBESITZERIN: Es heißt, daß Leute wie Ihre Kusine die Halbjahresmiete von 200 Silberdollar im voraus zu bezahlen haben.

SHUI TA: 200 Silberdollar! Das ist halsabschneiderisch! Wie soll ich das aufbringen? Ich kann hier nicht auf großen Umsatz rechnen. Ich setze meine einzige Hoffnung darauf, daß die Sacknäherinnen von der Zementfabrik viel rauchen, da die Arbeit, wie man mir gesagt hat, sehr erschöpft. Aber sie verdienen schlecht.

DIE HAUSBESITZERIN: Das hätten Sie vorher bedenken müssen.

SHUI TA: Frau Mi Tzü, haben Sie ein Herz! Es ist wahr, meine Kusine hat den unverzeihlichen Fehler begangen, Unglücklichen Obdach zu gewähren. Aber sie kann sich bessern, ich werde sorgen, daß sie sich bessert. Andrerseits, wie könnten Sie einen besseren Mieter finden als einen, der die Tiefe kennt, weil er aus ihr kommt? Er wird sich die Haut von den Fingern arbeiten, Ihnen die Miete pünktlichst zu bezahlen, er wird alles tun, alles opfern, alles verkaufen, vor nichts zurückschrecken und dabei wie ein Mäuschen sein, still wie eine Fliege, sich Ihnen in allem unterwerfen, ehe er zurückgeht dorthin. Solch ein Mieter ist nicht mit Gold aufzuwiegen.

DIE HAUSBESITZERIN: 200 Silberdollar im voraus, oder sie geht zurück auf die Straße, woher sie kommt.

Herein der Polizist.

DER POLIZIST: Lassen Sie sich nicht stören, Herr Shui Ta.

DIE HAUSBESITZERIN: Die Polizei zeigt wirklich ein ganz besonderes Interesse für diesen Laden.

DER POLIZIST: Frau Mi Tzü, ich hoffe, Sie haben keinen falschen Eindruck bekommen. Herr Shui Ta hat uns einen Dienst erwiesen, und ich komme lediglich, ihm dafür im Namen der Polizei zu danken.

DIE HAUSBESITZERIN: Nun, das geht mich nichts an. Ich hoffe, Herr Shui Ta, mein Vorschlag sagt Ihrer Kusine zu. Ich liebe es, mit meinen Mietern in gutem Einvernehmen zu sein. Guten Tag, meine Herren. *Ab.*

SHUI TA: Guten Tag, Frau Mi Tzü.

DER POLIZIST: Haben Sie Schwierigkeiten mit Frau Mi Tzü?

SHUI TA: Sie verlangt Vorausbezahlung der Miete, da meine Kusine ihr nicht respektabel erscheint.

DER POLIZIST: Und Sie haben das Geld nicht? *Shui Ta*

schweigt. Aber jemand wie Sie, Herr Shui Ta, muß doch Kredit finden!

SHUI TA: Vielleicht. Aber wie sollte jemand wie Shen Te Kredit finden?

DER POLIZIST: Bleiben Sie denn nicht?

SHUI TA: Nein. Und ich kann auch nicht wiederkommen. Nur auf der Durchreise konnte ich ihr eine Hand reichen, nur das Schlimmste konnte ich abwehren. Bald wird sie wieder auf sich selber angewiesen sein. Ich frage mich besorgt, was dann werden soll.

DER POLIZIST: Herr Shui Ta, es tut mir leid, daß Sie Schwierigkeiten mit der Miete haben. Ich muß zugeben, daß wir diesen Laden zuerst mit gemischten Gefühlen betrachteten, aber Ihr entschlossenes Auftreten vorhin hat uns gezeigt, wer Sie sind. Wir von der Behörde haben es schnell heraus, wen wir als Stütze der Ordnung ansehen können.

SHUI TA *bitter:* Herr, um diesen kleinen Laden zu retten, den meine Kusine als ein Geschenk der Götter betrachtet, bin ich bereit, bis an die äußerste Grenze des gesetzlich Erlaubten zu gehen. Aber Härte und Verschlagenheit helfen nur gegen die Unteren, denn die Grenzen sind klug gezogen. Mir geht es wie dem Mann, der mit den Ratten fertig geworden ist, aber dann kam der Fluß! *Nach einer kleinen Pause:* Rauchen Sie?

DER POLIZIST *zwei Zigarren einsteckend:* Wir von der Station verlören Sie höchst ungern hier, Herr Shui Ta. Aber Sie müssen Frau Mi Tzü verstehen. Die Shen Te hat, da wollen wir uns nichts vormachen, davon gelebt, daß sie sich an Männer verkaufte. Sie können mir einwenden: was sollte sie machen? Wovon sollte sie zum Beispiel ihre Miete zahlen? Aber der Tatbestand bleibt: es ist nicht respektabel. Warum? Erstens: Liebe verkauft man nicht, sonst ist es käufliche Liebe. Zweitens: respektabel ist, nicht mit dem, der einen bezahlt, sondern mit dem, den man liebt. Drittens: nicht für eine Handvoll Reis, sondern aus Liebe. Schön, antworten Sie mir, was hilft alle Weisheit, wenn die Milch schon verschüttet ist? Was soll sie machen? Sie muß eine Halbjahresmiete auftreiben. Herr Shui Ta, ich muß Ihnen sagen, ich weiß es nicht. *Er denkt eifrig nach.* Herr Shui Ta, ich hab's! Suchen Sie doch einfach einen Mann für sie!

Herein eine kleine alte Frau.

DIE ALTE: Eine gute billige Zigarre für meinen Mann. Wir sind nämlich morgen vierzig Jahre verheiratet, und da machen wir eine kleine Feier.

SHUI TA *höflich:* Vierzig Jahre und noch immer eine Feier!

DIE ALTE: Soweit unsere Mittel es gestatten! Wir haben den Teppichladen gegenüber. Ich hoffe, wir halten gute Nachbarschaft, das sollte man, die Zeiten sind schlecht.

SHUI TA *legt ihr verschiedene Kistchen vor:* Ein sehr alter Satz, fürchte ich.

DER POLIZIST: Herr Shui Ta, wir brauchen Kapital. Nun, ich schlage eine Heirat vor.

SHUI TA *entschuldigend zu der Alten:* Ich habe mich dazu verleiten lassen, den Herrn Polizisten mit meinen privaten Bekümmernissen zu behelligen.

DER POLIZIST: Wir haben die Halbjahresmiete nicht. Schön, wir heiraten ein wenig Geld.

SHUI TA: Das wird nicht so leicht sein.

DER POLIZIST: Wieso? Sie ist eine Partie. Sie hat ein kleines, aufstrebendes Geschäft. *Zu der Alten:* Was denken Sie darüber?

DIE ALTE *unschlüssig:* Ja . . .

DER POLIZIST: Eine Annonce in der Zeitung.

DIE ALTE *zurückhaltend:* Wenn das Fräulein einverstanden ist . . .

DER POLIZIST: Was soll sie dagegen haben? Ich setze Ihnen das auf. Ein Dienst ist des andern wert. Denken Sie nicht, daß die Behörde kein Herz für den hartkämpfenden kleinen Geschäftsmann hat. Sie gehen uns an die Hand, und wir setzen Ihnen dafür Ihre Heiratsannonce auf! Hahaha!

Er zieht eifrig sein Notizbuch hervor, befeuchtet den Bleistiftstummel und schreibt los.

SHUI TA *langsam:* Das ist keine schlechte Idee.

DER POLIZIST: Welcher . . . ordentliche . . . Mann mit kleinem Kapital . . . Witwer nicht ausgeschlossen . . . wünscht Einheirat . . . in aufblühendes Tabakgeschäft? – Und dann fügen wir noch hinzu: Bin hübsche sympathische Erscheinung. – Wie?

SHUI TA: Wenn Sie meinen, daß das keine Übertreibung wäre.

DIE ALTE *freundlich:* Durchaus nicht. Ich habe sie gesehen.

Der Polizist reißt aus seinem Buch das Blatt und überreicht es Shui Ta.

SHUI TA: Mit Entsetzen sehe ich, wieviel Glück nötig
ist, damit man nicht unter die Räder kommt! Wie
viele Einfälle! Wie viele Freunde! *Zum Polizisten:*
Trotz aller Entschlossenheit war ich zum Beispiel
am Ende meines Witzes, was die Ladenmiete betraf.
Und jetzt kamen Sie und halfen mir mit einem
guten Rat. Ich sehe tatsächlich einen Ausweg.

3

Abend im Stadtpark

Ein junger Mann in abgerissenen Kleidern verfolgt mit den Augen ein Flugzeug, das anscheinend in einem hohen Bogen über den Park geht. Er zieht einen Strick aus der Tasche und schaut sich suchend um. Als er auf eine große Weide zugeht, kommen zwei Prostituierte des Weges. Die eine ist schon alt, die andere ist die Nichte aus der achtköpfigen Familie.

DIE JUNGE: Guten Abend, junger Herr. Kommst du mit, Süßer?

SUN: Möglich, meine Damen, wenn ihr mir was zum Essen kauft.

DIE ALTE: Du bist wohl übergeschnappt? *Zur Jungen:* Gehen wir weiter. Wir verlieren nur unsere Zeit mit ihm. Das ist ja der stellungslose Flieger.

DIE JUNGE: Aber es wird niemand mehr im Park sein, es regnet gleich.

DIE ALTE: Vielleicht doch.

Sie gehen weiter. Sun zieht, sich umschauend, seinen Strick hervor und wirft ihn um einen Weidenast. Er wird aber wieder gestört. Die beiden Prostituierten kommen schnell zurück. Sie sehen ihn nicht.

DIE JUNGE: Es wird ein Platzregen.

Shen Te kommt des Weges spaziert.

DIE ALTE: Schau, da kommt das Untier! Dich und die Deinen hat sie ins Unglück gebracht!

DIE JUNGE: Nicht sie. Ihr Vetter war es. Sie hatte uns ja aufgenommen, und später hat sie uns angeboten, die Kuchen zu zahlen. Gegen sie habe ich nichts.

DIE ALTE: Aber ich! *Laut:* Ach, da ist ja unsere feine Schwester mit dem Goldhafen! Sie hat einen Laden, aber sie will uns immer noch Freier wegfischen.

SHEN TE: Friß mich doch nicht gleich auf. Ich gehe ins Teehaus am Teich.

DIE JUNGE: Ist es wahr, daß du einen Witwer mit drei Kindern heiraten wirst?

SHEN TE: Ja, ich treffe ihn dort.

SUN *ungeduldig:* Schert euch endlich weiter, ihr Schnepfen! Kann man nicht einmal hier seine Ruhe haben?

DIE ALTE: Halt das Maul!

Die beiden Prostituierten ab.

SUN *ruft ihnen nach:* Aasgeier! *Zum Publikum:* Selbst an diesem abgelegenen Platz fischen sie unermüdlich nach Opfern, selbst im Gebüsch, selbst bei Regen suchen sie verzweifelt nach Käufern.

SHEN TE *zornig:* Warum beschimpfen Sie sie? *Sie erblickt den Strick:* Oh.

SUN: Was glotzt du?

SHEN TE: Wozu ist der Strick?

SUN: Geh weiter, Schwester, geh weiter! Ich habe kein Geld, nichts, nicht eine Kupfermünze. Und wenn ich eine hätte, würde ich nicht dich, sondern einen Becher Wasser kaufen vorher.

Es fängt an zu regnen.

SHEN TE: Wozu ist der Strick? Das dürfen Sie nicht!

SUN: Was geht dich das an? Scher dich weg!

SHEN TE: Es regnet.

SUN: Versuch nicht, dich unter diesen Baum zu stellen.

SHEN TE *bleibt unbeweglich im Regen stehen:* Nein.

SUN: Schwester, laß ab, es hilft dir nichts. Mit mir ist kein Geschäft zu machen. Du bist mir auch zu häßlich. Krumme Beine.

SHEN TE: Das ist nicht wahr.

SUN: Zeig sie nicht! Komm schon, zum Teufel, unter den Baum, wenn es regnet!

Sie geht langsam hin und setzt sich unter den Baum.

SHEN TE: Warum wollen Sie das tun?

SUN: Willst du es wissen? Dann werde ich es dir sagen, damit ich dich los werde. *Pause.* Weißt du, was ein Flieger ist?

SHEN TE: Ja, in einem Teehaus habe ich Flieger gesehen.

SUN: Nein, du hast keine gesehen. Vielleicht ein paar windige Dummköpfe mit Lederhelmen, Burschen ohne Gehör für Motore und ohne Gefühl für eine Maschine. Das kommt nur in eine Kiste, weil es den Hangarverwalter schmieren kann. Sag so einem: Laß deine Kiste aus 2000 Fuß Höhe durch die Wolken hinunter abfallen und dann fang sie auf, mit einem Hebeldruck, dann sagt er: Das steht nicht im Kontrakt. Wer nicht fliegt, daß er seine Kiste auf den Boden aufsetzt, als wäre es sein Hintern, der ist kein Flieger, sondern ein Dummkopf. Ich aber bin ein Flieger. Und doch bin ich der größte Dummkopf, denn ich habe alle Bücher über die Fliegerei gelesen auf der Schule in Peking. Aber eine Seite eines Buches habe ich nicht gelesen, und

auf dieser Seite stand, daß keine Flieger mehr gebraucht werden. Und so bin ich ein Flieger ohne
Flugzeug geworden, ein Postflieger ohne Post. Aber
was das bedeutet, das kannst du nicht verstehen.

SHEN TE: Ich glaube, ich verstehe es doch.

SUN: Nein, ich sage dir ja, du kannst es nicht verstehen, also kannst du es nicht verstehen.

SHEN TE *halb lachend, halb weinend:* Als Kinder
hatten wir einen Kranich mit einem lahmen Flügel.
Er war freundlich zu uns und trug uns keinen Spaß
nach und stolzierte hinter uns drein, schreiend, daß
wir nicht zu schnell für ihn liefen. Aber im Herbst
und im Frühjahr, wenn die großen Schwärme über
das Dorf zogen, wurde er sehr unruhig, und ich
verstand ihn gut.

SUN: Heul nicht.

SHEN TE: Nein.

SUN: Es schadet dem Teint.

SHEN TE: Ich höre schon auf.

*Sie trocknet sich mit dem Ärmel die Tränen ab. An
den Baum gelehnt, langt er, ohne sich ihr zuzuwenden, nach ihrem Gesicht.*

SUN: Du kannst dir nicht einmal richtig das Gesicht
abwischen.

Er wischt es ihr mit einem Sacktuch ab. Pause.

SUN: Wenn du schon sitzen bleiben mußtest, damit
ich mich nicht aufhänge, dann mach wenigstens den
Mund auf.

SHEN TE: Ich weiß nichts.

SUN: Warum willst du mich eigentlich vom Ast schnei-
den, Schwester?

SHEN TE: Ich bin erschrocken. Sicher wollten Sie es
nur tun, weil der Abend so trüb ist.

Zum Publikum:

In unserem Lande
Dürfte es trübe Abende nicht geben
Auch hohe Brücken über die Flüsse
Selbst die Stunde zwischen Nacht und Morgen
Und die ganze Winterzeit dazu, das ist gefährlich.
Denn angesichts des Elends
Genügt ein Weniges
Und die Menschen werfen
Das unerträgliche Leben fort.

SUN: Sprich von dir.

SHEN TE: Wovon? Ich habe einen kleinen Laden.

SUN *spöttisch:* Ach, du gehst nicht auf den Strich, du
hast einen Laden!

SHEN TE *fest:* Ich habe einen Laden, aber zuvor bin
ich auf die Straße gegangen.

SUN: Und den Laden, den haben dir wohl die Götter
geschenkt?

SHEN TE: Ja.

SUN: Eines schönen Abends standen sie da und sagten:
Hier hast du Geld?

SHEN TE *leise lachend:* Eines Morgens.

SUN: Unterhaltsam bist du nicht gerade.

SHEN TE *nach einer Pause:* Ich kann Zither spielen,
ein wenig, und Leute nachmachen. *Sie macht mit
tiefer Stimme einen würdigen Mann nach:* „Nein,

so etwas, ich muß meinen Geldbeutel vergessen haben!" Aber dann kriegte ich den Laden. Da habe ich als erstes die Zither weggeschenkt. Jetzt, sagte ich mir, kann ich ein Stockfisch sein, und es macht nichts.

> Ich bin eine Reiche, sagte ich.
> Ich gehe allein. Ich schlafe allein.
> Ein ganzes Jahr, sagte ich
> Mache ich nichts mehr mit einem Mann.

SUN: Aber jetzt heiratest du einen? Den im Teehaus am Teich!

Shen Te schweigt.

SUN: Was weißt du eigentlich von Liebe?

SHEN TE: Alles.

SUN: Nichts, Schwester. Oder war es etwa angenehm?

SHEN TE: Nein.

SUN *streicht ihr mit der Hand über das Gesicht, ohne sich ihr zuzuwenden:* Ist das angenehm?

SHEN TE: Ja.

SUN: Genügsam, das bist du. Was für eine Stadt!

SHEN TE: Haben Sie keinen Freund?

SUN: Einen ganzen Haufen, aber keinen, der hören will, daß ich immer noch ohne eine Stelle bin. Sie machen ein Gesicht, als ob sie einen sich darüber beklagen hören, daß im Meer noch Wasser ist. Hast du etwa einen Freund?

SHEN TE *zögernd:* Einen Vetter.

SUN: Dann nimm dich nur in acht vor ihm.

SHEN TE: Er war bloß ein einziges Mal da. Jetzt ist er weggegangen und kommt nie wieder. Aber warum reden Sie so hoffnungslos? Man sagt: Ohne Hoffnung sprechen heißt ohne Güte sprechen.

SUN: Red nur weiter! Eine Stimme ist immerhin eine Stimme.

SHEN TE *eifrig:* Es gibt noch freundliche Menschen, trotz des großen Elends. Als ich klein war, fiel ich einmal mit einer Last Reisig hin. Ein alter Mann hob mich auf und gab mir sogar einen Käsch. Daran habe ich mich oft erinnert. Besonders die wenig zu essen haben, geben gern ab. Wahrscheinlich zeigen die Menschen einfach gern, was sie können, und womit könnten sie es besser zeigen, als indem sie freundlich sind? Bosheit ist bloß eine Art Unge- schicklichkeit. Wenn jemand ein Lied singt oder eine Maschine baut oder Reis pflanzt, das ist eigentlich Freundlichkeit. Auch Sie sind freundlich.

SUN: Da gehört nicht viel dazu bei dir, scheint es.

SHEN TE: Ja. Und jetzt habe ich einen Regentropfen gespürt.

SUN: Wo?

SHEN TE: Zwischen den Augen.

SUN: Mehr am rechten oder mehr am linken?

SHEN TE: Mehr am linken.

SUN: Gut. *Nach einer Weile schläfrig:* Und mit den Männern bist du fertig?

SHEN TE *lächelnd:* Aber meine Beine sind nicht krumm.

SUN: Vielleicht nicht.

SHEN TE: Bestimmt nicht.

SUN *sich müde an den Baum zurücklehnend:* Aber da ich seit zwei Tagen nichts gegessen habe und nichts getrunken seit einem, könnte ich dich nicht lieben, Schwester, auch wenn ich wollte.

SHEN TE: Es ist schön im Regen.

Wang, der Wasserverkäufer kommt. Er singt das

LIED DES WASSERVERKÄUFERS IM REGEN

Ich hab Wasser zu verkaufen
Und nun steh ich hier im Regen
Und ich bin weithin gelaufen
Meines bißchen Wassers wegen.
Und jetzt schrei ich mein: Kauft Wasser!
Und keiner kauft es
Verschmachtend und gierig
Und zahlt es und sauft es.
(Kauft Wasser, ihr Hunde!)

Könnt ich doch dies Loch verstopfen!
Träumte jüngst, es wäre sieben
Jahr der Regen ausgeblieben!
Wasser maß ich ab nach Tropfen!
Ach, wie schrieen sie: Gib Wasser!
Jeden, der nach meinem Eimer faßte
Sah ich mir erst an daraufhin
Ob mir seine Nase paßte.
(Da lechzten die Hunde!)

Lachend:

Ja, jetzt sauft ihr kleinen Kräuter
Auf dem Rücken mit Behagen
Aus dem großen Wolkeneuter
Ohne nach dem Preis zu fragen.
Und ich schreie mein: Kauft Wasser!
Und keiner kauft es

> Verschmachtend und gierig
> Und zahlt es und sauft es.
(Kauft Wasser, ihr Hunde!)

Der Regen hat aufgehört. Shen Te sieht Wang und läuft auf ihn zu.

SHEN TE: Ach, Wang, bist du wieder zurück? Ich habe dein Traggerät bei mir untergestellt.

WANG: Besten Dank für die Aufbewahrung! Wie geht es dir, Shen Te?

SHEN TE: Gut. Ich habe einen sehr klugen und kühnen Menschen kennengelernt. Und ich möchte einen Becher von deinem Wasser kaufen.

WANG: Leg doch den Kopf zurück und mach den Mund auf, dann hast du Wasser, soviel du willst. Dort die Weide tropft noch immer.

SHEN TE: Aber ich will dein Wasser, Wang.

> Das weither getragene
> Das müde gemacht hat.
> Und das schwer verkauft wird, weil es heute regnet.

> Und ich brauche es für den Herrn dort drüben.

> Er ist ein Flieger. Ein Flieger
> Ist kühner als andere Menschen. In der Gesellschaft
> der Wolken

> Den großen Stürmen trotzend
> Fliegt er durch die Himmel und bringt
> Den Freunden im fernen Land
> Die freundliche Post.

Sie bezahlt und läuft mit dem Becher zu Sun hinüber.

SHEN TE *ruft lachend zu Wang zurück:* Er ist eingeschlafen. Die Hoffnungslosigkeit und der Regen
und ich haben ihn müde gemacht.

ZWISCHENSPIEL

Wangs Nachtlager
in einem Kanalrohr

*Der Wasserverkäufer schläft. Musik. Das Kanalrohr wird
durchsichtig, und dem Träumenden erscheinen die
Götter.*

WANG *strahlend:* Ich habe sie gesehen, Erleuchtete!
Sie ist ganz die alte!
DER ERSTE GOTT: Das freut uns.
WANG: Sie liebt! Sie hat mir ihren Freund gezeigt. Es
geht ihr wirklich gut.
DER ERSTE GOTT: Das hört man gern. Hoffentlich
bestärkt sie das in ihrem Streben nach Gutem.
WANG: Unbedingt! Sie tut soviel Wohltaten, als sie
kann.
DER ERSTE GOTT: Was für Wohltaten? Erzähl uns
davon, lieber Wang!
WANG: Sie hat ein freundliches Wort für jeden.
DER ERSTE GOTT *eifrig:* Ja, und?
WANG: Selten geht einer aus ihrem kleinen Laden
ohne Tabak, nur weil er etwa kein Geld hat.
DER ERSTE GOTT: Das klingt nicht schlecht. Noch
anderes?
WANG: Eine achtköpfige Familie hat sie bei sich be-
herbergt!

DER ERSTE GOTT *triumphierend zum zweiten:* Acht-
köpfig! *Zu Wang:* Und womöglich noch was?

WANG: Mir hat sie, obwohl es regnete, einen Becher
von meinem Wasser abgekauft.

DER ERSTE GOTT: Natürlich, diese kleineren Wohltaten alle. Das versteht sich.

WANG: Aber sie laufen ins Geld. So viel gibt ein
kleiner Laden nicht her.

DER ERSTE GOTT: Freilich, freilich! Aber ein umsich-
tiger Gärtner tut auch mit einem winzigen Fleck
wahre Wunder.

WANG: Das tut sie wahrhaftig! Jeden Morgen teilt sie
Reis aus, dafür geht mehr als die Hälfte des Ver-
dienstes drauf, das könnt Ihr glauben!

DER ERSTE GOTT *etwas enttäuscht:* Ich sage auch
nichts. Ich bin nicht unzufrieden für den Anfang.

WANG: Bedenkt, die Zeiten sind nicht die besten! Sie
mußte einmal einen Vetter zu Hilfe rufen, da ihr
Laden in Schwierigkeiten geriet.

Kaum war da eine windgeschütze Stelle
Kam des ganzen winterlichen Himmels
Zerzaustes Gevögel geflogen und
Raufte um den Platz und der hungrige Fuchs
                                        durchbiß
Die dünne Wand, und der einbeinige Wolf
Stieß den kleinen Eßnapf um.

Kurz, sie konnte alle die Geschäfte allein nicht mehr
überblicken. Aber alle sind sich einig, daß sie ein
gutes Mädchen ist. Sie heißt schon überall: Der
Engel der Vorstädte. So viel Gutes geht von ihrem

Laden aus! Was immer der Schreiner Lin To sagen mag!

DER ERSTE GOTT: Was heißt das? Spricht der Schreiner Lin To denn schlecht von ihr?

WANG: Ach, er sagt nur, die Stellagen im Laden seien nicht voll bezahlt worden.

DER ZWEITE GOTT: Was sagst du da? Ein Schreiner wurde nicht bezahlt? In Shen Te's Laden? Wie konnte sie das zulassen?

WANG: Sie hatte wohl das Geld nicht?

DER ZWEITE GOTT: Ganz gleich, man bezahlt, was man schuldig ist. Schon der bloße Anschein von Unbilligkeit muß vermieden werden. Erstens muß der Buchstabe der Gebote erfüllt werden, zweitens ihr Geist.

WANG: Aber es war nur der Vetter, Erleuchtete, nicht sie selber.

DER ZWEITE GOTT: Dann übertritt dieser Vetter nicht mehr ihre Schwelle!

WANG *niedergeschlagen:* Ich verstehe, Erleuchteter. Zu Shen Te's Verteidigung laß mich vielleicht nur noch geltend machen, daß der Vetter als durchaus achtbarer Geschäftsmann gilt. Sogar die Polizei schätzt ihn.

DER ERSTE GOTT: Nun, wir wollen diesen Herrn Vetter ja auch nicht ungehört verdammen. Ich gebe zu, ich verstehe nichts von Geschäften, vielleicht muß man sich da erkundigen, was das Übliche ist. Aber überhaupt Geschäfte! Ist das denn nötig? Immer machen sie jetzt Geschäfte! Machten die sieben guten Könige Geschäfte? Verkaufte der gerechte Kung

Fische? Was haben Geschäfte mit einem rechtschaffe-
nen und würdigen Leben zu tun?

DER ZWEITE GOTT *sehr verschnupft:* Jedenfalls darf
so etwas nicht mehr vorkommen.

*Er wendet sich zum Gehen. Die beiden anderen Göt-
ter wenden sich auch.*

DER DRITTE GOTT *als letzter, verlegen:* Entschuldige
den etwas harten Ton heute! Wir sind übermüdet
und nicht ausgeschlafen. Das Nachtlager! Die Wohl-
habenden geben uns die allerbesten Empfehlungen
an die Armen, aber die Armen haben nicht Zimmer
genug.

DIE GÖTTER *sich entfernend, schimpfen:* Schwach,
die beste von ihnen! — Nichts Durchschlagendes! —
Wenig, wenig! Alles natürlich von Herzen, aber es
sieht nach nichts aus! Sie müßte doch zumindest...

Man hört sie nicht mehr.

WANG *ruft ihnen nach:* Ach, seid nicht ungnädig, Erleuchtete! Verlangt nicht zu viel für den Anfang!

4

Platz vor Shen Te's Tabakladen

Eine Barbierstube, ein Teppichgeschäft und Shen Te's Tabakladen. Es ist Morgen. Vor Shen Te's Laden warten zwei Überbleibsel der achtköpfigen Familie, der Großvater und die Schwägerin, sowie der Arbeitslose und die Shin.

DIE SCHWÄGERIN: Sie war nicht zu Hause gestern nacht?

DIE SHIN: Ein unglaubliches Benehmen! Endlich ist dieser rabiate Herr Vetter weg, und man bequemt sich, wenigstens ab und zu etwas Reis von seinem Überfluß abzugeben, und schon bleibt man nächtelang fort und treibt sich, die Götter wissen wo, herum!

Aus der Barbierstube hört man laute Stimmen. Heraus stolpert Wang, ihm folgt der dicke Barbier, Herr Shu Fu, eine schwere Brennschere in der Hand.

HERR SHU FU: Ich werde dir geben, meine Kunden zu belästigen mit deinem verstunkenen Wasser! Nimm deinen Becher und scher dich fort!

Wang greift nach dem Becher, den Herr Shu Fu ihm hinhält, und der schlägt ihm mit der Brennschere auf die Hand, daß Wang laut aufschreit.

HERR SHU FU: Da hast du es! Laß dir das eine Lektion sein!

Er schnauft in seine Barbierstube zurück.

DER ARBEITSLOSE *hebt den Becher auf und reicht ihn*
    Wang: Für den Schlag kannst du ihn anzeigen.
WANG: Die Hand ist kaputt.
DER ARBEITSLOSE: Ist etwas zerbrochen drin?
WANG: Ich kann sie nicht mehr bewegen.
DER ARBEITSLOSE: Setz dich hin und gib ein wenig
    Wasser drüber!

Wang setzt sich.

DIE SHIN: Jedenfalls hast du das Wasser billig.
DIE SCHWÄGERIN: Nicht einmal einen Fetzen Leinen
    kann man hier bekommen früh um acht. Sie muß
    auf Abenteuer ausgehen! Skandal!
DIE SHIN *düster:* Vergessen hat sie uns!

*Die Gasse herunter kommt Shen Te, einen Topf mit
Reis tragend.*

SHEN TE *zum Publikum:* In der Frühe habe ich die
    Stadt nie gesehen. In diesen Stunden lag ich immer
    noch mit der schmutzigen Decke über der Stirn, in
    Furcht vor dem Erwachen. Heute bin ich zwischen
    den Zeitungsjungen gegangen, den Männern, die
    den Asphalt mit Wasser überspülen, und den Och-
    senkarren mit dem frischen Gemüse vom Land. Ich
    bin einen langen Weg von Suns Viertel bis hierher
    gegangen, aber mit jedem Schritt wurde ich lustiger.
    Ich habe immer gehört, wenn man liebt, geht man
    auf Wolken, aber das Schöne ist, daß man auf der
    Erde geht, dem Asphalt. Ich sage euch, die Häuser-
    massen sind in der Frühe wie Schutthaufen, in denen
    Lichter angezündet werden, wenn der Himmel schon
    rosa und noch durchsichtig, weil ohne Staub ist. Ich

sage euch, es entgeht euch viel, wenn ihr nicht liebt und eure Stadt seht in der Stunde, wo sie sich vom Lager erhebt wie ein nüchterner alter Handwerker, der seine Lungen mit frischer Luft vollpumpt und nach seinem Handwerkzeug greift, wie die Dichter singen. *Zu den Wartenden:* Guten Morgen! Da ist der Reis! *Sie teilt aus, dann erblickt sie Wang.* Guten Morgen, Wang. Ich bin leichtsinnig heute. Auf dem Weg habe ich mich in jedem Schaufenster betrachtet und jetzt habe ich Lust, mir einen Shawl zu kaufen. *Nach kurzem Zögern:* Ich würde so gern schön aussehen.

Sie geht schnell in den Teppichladen.

HERR SHU FU *der wieder in die Tür getreten ist, zum Publikum:* Ich bin betroffen, wie schön heute Fräulein Shen Te aussieht, die Besitzerin des Tabakladens von Visavis, die mir bisher gar nicht aufgefallen ist. Drei Minuten sehe ich sie, und ich glaube, ich bin schon verliebt in sie. Eine unglaublich sympathische Person! *Zu Wang:* Scher dich weg, Halunke!

Er geht in die Barbierstube zurück. Shen Te und ein sehr altes Paar, der Teppichhändler und seine Frau, treten aus dem Teppichladen. Shen Te trägt einen Shawl, der Teppichhändler einen Spiegel.

DIE ALTE: Er ist sehr hübsch und auch nicht teuer, da er ein Löchlein unten hat.

SHEN TE *auf den Shawl am Arm der Alten schauend:* Der grüne ist auch schön.

Die Alte *lächelnd:* Aber er ist leider nicht ein bißchen
beschädigt.

Shen Te: Ja, das ist ein Jammer. Ich kann keine großen Sprünge machen mit meinem Laden. Ich habe
noch wenig Einnahmen und doch viele Ausgaben.

Die Alte: Für Wohltaten. Tun Sie nicht zu viel. Am
Anfang spielt ja jede Schale Reis eine Rolle, nicht?

Shen Te *probiert den durchlöcherten Shawl an:* Nur,
das muß sein, aber jetzt bin ich leichtsinnig. Ob
mir diese Farbe steht?

Die Alte: Das müssen Sie unbedingt einen Mann
fragen.

Shen Te *zum Alten gewendet:* Steht sie mir?

Der Alte: Fragen Sie doch lieber . . .

Shen Te *sehr höflich:* Nein, ich frage Sie.

Der Alte *ebenfalls höflich:* Der Shawl steht Ihnen.
Aber nehmen Sie die matte Seite nach außen.

Shen Te bezahlt.

Die Alte: Wenn er nicht gefällt, tauschen Sie ihn
ruhig um. *Zieht sie beiseite.* Hat er ein wenig Kapital?

Shen Te *lachend:* O nein.

Die Alte: Können Sie denn dann die Halbjahresmiete bezahlen?

Shen Te: Die Halbjahresmiete! Das habe ich ganz
vergessen.

Die Alte: Das dachte ich mir! Und nächsten Montag
ist schon der Erste. Ich möchte etwas mit Ihnen besprechen. Wissen Sie, mein Mann und ich waren ein
wenig zweiflerisch in bezug auf die Heiratsannonce,
nachdem wir Sie kennengelernt haben. Wir haben

147

beschlossen, Ihnen im Notfall unter die Arme zu greifen. Wir haben uns Geld zurückgelegt und können Ihnen die 200 Silberdollar leihen. Wenn Sie wollen, können Sie uns Ihre Vorräte an Tabak verpfänden. Schriftliches ist aber zwischen uns natürlich nicht nötig.

SHEN TE: Wollen Sie wirklich einer so leichtsinnigen Person Geld leihen?

DIE ALTE: Offengestanden, Ihrem Herrn Vetter, der bestimmt nicht leichtsinnig ist, würden wir es vielleicht nicht leihen, aber Ihnen leihen wir es ruhig.

DER ALTE *tritt hinzu:* Abgemacht?

SHEN TE: Ich wünschte, die Götter hätten Ihrer Frau eben zugehört, Herr Deng. Sie suchen gute Menschen, die glücklich sind. Und Sie müssen wohl glücklich sein, daß Sie mir helfen, weil ich durch Liebe in Ungelegenheiten gekommen bin.

Die beiden Alten lächeln sich an.

DER ALTE: Hier ist das Geld.

Er übergibt ihr ein Kuvert. Shen Te nimmt es entgegen und verbeugt sich. Auch die Alten verbeugen sich. Sie gehen zurück in ihren Laden.

SHEN TE *zu Wang, ihr Kuvert hochhebend:* Das ist die Miete für ein halbes Jahr! Ist das nicht wie ein Wunder? Und was sagst du zu meinem neuen Shawl, Wang?

WANG: Hast du den für ihn gekauft, den ich im Stadtpark gesehen habe?

Shen Te nickt.

DIE SHIN: Vielleicht sehen Sie sich lieber seine kaputte Hand an als ihm Ihre zweifelhaften Abenteuer zu erzählen!

SHEN TE *erschrocken:* Was ist mit deiner Hand?

DIE SHIN: Der Barbier hat sie vor unseren Augen mit der Brennschere zerschlagen.

SHEN TE *über ihre Achtlosigkeit entsetzt:* Und ich habe gar nichts bemerkt! Du mußt sofort zum Arzt gehen, sonst wird deine Hand steif und du kannst nie mehr richtig arbeiten. Das ist ein großes Unglück. Schnell, steh auf! Geh schnell!

DER ARBEITSLOSE: Er muß nicht zum Arzt, sondern zum Richter! Er kann vom Barbier, der reich ist, Schadenersatz verlangen.

WANG: Meinst du, da ist eine Aussicht?

DIE SHIN: Wenn sie wirklich kaputt ist. Aber ist sie kaputt?

WANG: Ich glaube. Sie ist schon ganz dick. Wäre es eine Lebensrente?

DIE SHIN: Du mußt allerdings einen Zeugen haben.

WANG: Aber ihr alle habt es ja gesehen! Ihr alle könnt es bezeugen.

Er blickt um sich. Der Arbeitslose, der Großvater und die Schwägerin sitzen an der Hauswand und essen. Niemand sieht auf.

SHEN TE *zur Shin:* Sie selber haben es doch gesehen!

DIE SHIN: Ich will nichts mit der Polizei zu tun haben.

SHEN TE *zur Schwägerin:* Dann Sie!

DIE SCHWÄGERIN: Ich? Ich habe nicht hingesehen!

DIE SHIN: Natürlich haben Sie hingesehen! Ich habe

gesehen, daß Sie hingesehen haben! Sie haben nur Furcht, weil der Barbier zu mächtig ist.

SHEN TE *zum Großvater:* Ich bin sicher, Sie bezeugen den Vorfall.

DIE SCHWÄGERIN: Sein Zeugnis wird nicht angenommen. Er ist gaga.

SHEN TE *zum Arbeitslosen:* Es handelt sich vielleicht um eine Lebensrente.

DER ARBEITSLOSE: Ich bin schon zweimal wegen Bettelei aufgeschrieben worden. Mein Zeugnis würde ihm eher schaden.

SHEN TE *ungläubig:* So will keines von euch sagen, was ist? Am hellen Tage wurde ihm die Hand zerbrochen, ihr habt alle zugeschaut, und keines will reden? *Zornig:*

Oh, ihr Unglücklichen!
Euerm Bruder wird Gewalt angetan, und ihr
                                    kneift die Augen zu!
Der Getroffene schreit laut auf, und ihr schweigt?
Der Gewalttätige geht herum und wählt sein Opfer
Und ihr sagt: uns verschont er, denn wir zeigen
                                    kein Mißfallen.
Was ist das für eine Stadt, was seid ihr für
                                    Menschen!
Wenn in einer Stadt ein Unrecht geschieht,
                               muß ein Aufruhr sein
Und wo kein Aufruhr ist, da ist es besser,
                            daß die Stadt untergeht
Durch ein Feuer, bevor es Nacht wird!

Wang, wenn niemand deinen Zeugen macht, der da-

bei war, dann will ich deinen Zeugen machen und
sagen, daß ich es gesehen habe.

DIE SHIN: Das wird Meineid sein.

WANG: Ich weiß nicht, ob ich das annehmen kann.
Aber vielleicht muß ich es annehmen. *Auf seine
Hand blickend, besorgt:* Meint ihr, sie ist auch dick
genug? Es kommt mir vor, als sei sie schon wieder
abgeschwollen.

DER ARBEITSLOSE *beruhigt ihn:* Nein, sie ist bestimmt
nicht abgeschwollen.

WANG: Wirklich nicht? Ja, ich glaube auch, sie schwillt
sogar ein wenig mehr an. Vielleicht ist doch das
Gelenk gebrochen. Ich laufe besser gleich zum Richter. *Seine Hand sorgsam haltend, den Blick immer
darauf gerichtet, läuft er weg.*

Die Shin läuft in die Barbierstube.

DER ARBEITSLOSE: Sie läuft zum Barbier, sich ein-
schmeicheln.

DIE SCHWÄGERIN: Wir können die Welt nicht ändern.

SHEN TE *entmutigt:* Ich habe euch nicht beschimpfen
wollen. Ich bin nur erschrocken. Nein, ich wollte
euch beschimpfen. Geht mir aus den Augen!

*Der Arbeitslose, die Schwägerin und der Großvater
gehen essend und maulend ab.*

SHEN TE *zum Publikum:*
   Sie antworten nicht mehr. Wo man sie hinstellt
   Bleiben sie stehen, und wenn man sie wegweist
   Machen sie schnell Platz!
   Nichts bewegt sie mehr. Nur
   Der Geruch des Essens macht sie aufschauen.

Eine alte Frau kommt gelaufen. Es ist Suns Mutter,
Frau Yang.

FRAU YANG *atemlos:* Sind Sie Fräulein Shen Te? Mein
   Sohn hat mir alles erzählt. Ich bin Suns Mutter,
   Frau Yang. Denken Sie, er hat jetzt die Aussicht,
   eine Fliegerstelle zu bekommen! Heute morgen,
   eben vorhin, ist ein Brief gekommen, aus Peking.
   Von einem Hangarverwalter beim Postflug.
SHEN TE: Daß er wieder fliegen kann? Oh, Frau
   Yang!
FRAU YANG: Aber die Stelle kostet schreckliches Geld:
   500 Silberdollar.
SHEN TE: Das ist viel, aber am Geld darf so etwas
   nicht scheitern. Ich habe doch den Laden.
FRAU YANG: Wenn Sie da etwas tun könnten!
SHEN TE *umarmt sie:* Wenn ich ihm helfen könnte!
FRAU YANG: Sie würden einem begabten Menschen
   eine Chance geben.
SHEN TE: Wie dürfen sie einen hindern, sich nützlich
   zu machen! *Nach einer Pause:* Nur, für den Laden
   werde ich zu wenig bekommen, und die 200 Silberdollar Bargeld hier sind bloß ausgeliehen. Die freilich können Sie gleich mitnehmen. Ich werde meine
   Tabakvorräte verkaufen und sie davon zurückzahlen.

Sie gibt ihr das Geld der beiden Alten.

FRAU YANG: Ach, Fräulein Shen Te, das ist Hilfe am
   rechten Ort. Und sie nannten ihn schon den toten
   Flieger hier in der Stadt, weil sie alle überzeugt
   waren, daß er so wenig wie ein Toter je wieder fliegen würde.

SHEN TE: Aber 300 Silberdollar brauchen wir noch
für die Fliegerstelle. Wir müssen nachdenken, Frau
Yang. *Langsam:* Ich kenne jemand, der mir da
vielleicht helfen könnte. Einen, der schon einmal
Rat geschafft hat. Ich wollte ihn eigentlich nicht
mehr rufen, da er zu hart und zu schlau ist. Es
müßte wirklich das letzte Mal sein. Aber ein Flieger
muß fliegen, das ist klar.

Fernes Motorengeräusch.

FRAU YANG: Wenn der, von dem Sie sprechen, das
Geld beschaffen könnte! Sehen Sie, das ist das mor-
gendliche Postflugzeug, das nach Peking geht!
SHEN TE *entschlossen:* Winken Sie, Frau Yang! Der
Flieger kann uns bestimmt sehen! *Sie winkt mit
ihrem Shawl.* Winken Sie auch!
FRAU YANG *winkend:* Kennen Sie den, der da fliegt?
SHEN TE: Nein. Einen, der fliegen wird. Denn der
Hoffnungslose soll fliegen, Frau Yang. Einer wenig-
stens soll über all dies Elend, einer soll über uns
alle sich erheben können! *Zum Publikum:*
Yang Sun, mein Geliebter, in der Gesellschaft
der Wolken!

Den großen Stürmen trotzend
Fliegend durch die Himmel und bringend
Den Freunden im fernen Land
Die freundliche Post.

Shen Te tritt auf, in den Händen die Maske und den Anzug des Shui Ta und singt

DAS LIED VON DER WEHRLOSIGKEIT DER GÖTTER UND GUTEN

In unserem Lande
Braucht der Nützliche Glück. Nur
Wenn er starke Helfer findet
Kann er sich nützlich erweisen.
Die Guten
Können sich nicht helfen, und die Götter sind
           machtlos.
 Warum haben die Götter nicht Tanks und Kanonen
 Schlachtschiffe und Bombenflugzeuge und Minen
 Die Bösen zu fällen, die Guten zu schonen?
 Es stünde wohl besser mit uns und mit ihnen.

Sie legt den Anzug des Shui Ta an und macht einige Schritte in seiner Gangart.

Die Guten
Können in unserem Lande nicht lang gut bleiben.
Wo die Teller leer sind, raufen sich die Esser.
Ach, die Gebote der Götter
Helfen nicht gegen den Mangel.
 Warum erscheinen die Götter nicht auf unsern
           Märkten
 Und verteilen lächelnd die Fülle der Waren?
 Und gestatten den vom Brot und vom Weine
           Gestärkten
 Miteinander nun freundlich und gut zu verfahren?

Sie setzt die Maske des Shui Ta auf und fährt mit
seiner Stimme zu singen fort.

Um zu einem Mittagessen zu kommen
Braucht es der Härte, mit der sonst Reiche gegründet
werden.
Ohne zwölf zu zertreten
Hilft keiner einem Elenden.
Warum sagen die Götter nicht laut in den obern
Regionen
Daß sie den Guten nun einmal die gute Welt
schulden?
Warum stehn sie den Guten nicht bei mit Tanks
und Kanonen
Und befehlen: Gebt Feuer! und dulden kein Dulden?

5

Der Tabakladen

Hinter dem Ladentisch sitzt Shui Ta und liest die Zeitung. Er beachtet nicht im geringsten die Shin, die aufwischt und dabei redet.

DIE SHIN: So ein kleiner Laden ist schnell ruiniert, wenn einmal gewisse Gerüchte sich im Viertel verbreiten, das können Sie mir glauben. Es wäre hohe Zeit, daß Sie als ordentlicher Mann in die dunkle Affäre zwischen dem Fräulein und diesem Yang Sun aus der Gelben Gasse hineinleuchteten. Vergessen Sie nicht, daß Herr Shu Fu, der Barbier von nebenan, ein Mann, der zwölf Häuser besitzt und nur eine einzige und dazu alte Frau hat, mir gegenüber erst gestern ein schmeichelhaftes Interesse für das Fräulein angedeutet hat. Er hatte sich sogar schon nach ihren Vermögensverhältnissen erkundigt. Das beweist wohl echte Neigung, möchte ich meinen.

Da sie keine Antwort erhält, geht sie endlich mit dem Eimer hinaus.

SUNS STIMME *von draußen:* Ist das Fräulein Shen Te's Laden?

STIMME DER SHIN: Ja, das ist er. Aber heute ist der Vetter da.

Shui Ta läuft mit den leichten Schritten der Shen Te zu einem Spiegel und will eben beginnen, sich das Haar zu richten, als er im Spiegel den Irrtum bemerkt.

Er wendet sich leise lachend ab. Eintritt Yang Sun. Hinter ihm kommt neugierig die Shin. Sie geht an ihm vorüber ins Gelaß.

SUN: Ich bin Yang Sun. *Shui Ta verbeugt sich.* Ist Shen Te da?

SHUI TA: Nein, sie ist nicht da.

SUN: Aber Sie sind wohl im Bild, wie wir zueinander stehen. *Er beginnt den Laden in Augenschein zu nehmen.* Ein leibhaftiger Laden! Ich dachte immer, sie nimmt da den Mund etwas voll. *Er schaut befriedigt in die Kistchen und Porzellantöpfchen.* Mann, ich werde wieder fliegen! *Er nimmt sich eine Zigarre, und Shui Ta reicht ihm Feuer.* Glauben Sie, wir können noch 300 Silberdollar aus dem Laden herausschlagen?

SHUI TA: Darf ich fragen: haben Sie die Absicht, ihn auf der Stelle zu verkaufen?

SUN: Haben wir denn die 300 bar? *Shui Ta schüttelt den Kopf.* Es war anständig von ihr, daß sie die 200 sofort herausrückte. Aber ohne die 300, die noch fehlen, bringen sie mich nicht weiter.

SHUI TA: Vielleicht war es ein bißchen schnell, daß sie Ihnen das Geld zusagte. Es kann sie den Laden kosten. Man sagt: Eile heißt der Wind, der das Baugerüst umwirft.

SUN: Ich brauche das Geld schnell oder gar nicht. Und das Mädchen gehört nicht zu denen, die lang zaudern, wenn es gilt, etwas zu geben. Unter uns Männern: es hat bisher mit nichts gezaudert.

SHUI TA: So.

SUN: Was nur für sie spricht.

SHUI TA: Darf ich wissen, wozu die 500 Silberdollar dienen würden?

SUN: Sicher. Ich sehe, es soll mir auf den Zahn gefühlt werden. Der Hangarverwalter in Peking, ein Freund von mir aus der Flugschule, kann mir die Stelle verschaffen, wenn ich ihm 500 Silberdollar ausspucke.

SHUI TA: Ist die Summe nicht außergewöhnlich hoch?

SUN: Nein. Er muß eine Nachlässigkeit bei einem Flieger entdecken, der eine große Familie hat und deshalb sehr pflichteifrig ist. Sie verstehen. Das ist übrigens im Vertrauen gesagt, und Shen Te braucht es nicht zu wissen.

SHUI TA: Vielleicht nicht. Nur eines: wird der Hangarverwalter dann nicht im nächsten Monat Sie verkaufen?

SUN: Nicht mich. Bei mir wird es keine Nachlässigkeit geben. Ich bin lange genug ohne Stelle gewesen.

SHUI TA *nickt:* Der hungrige Hund zieht den Karren schneller nach Hause. *Er betrachtet ihn eine Zeitlang prüfend.* Die Verantwortung ist sehr groß. Herr Yang Sun, Sie verlangen von meiner Kusine, daß sie ihr kleines Besitztum und alle ihre Freunde in dieser Stadt aufgibt und ihr Schicksal ganz in Ihre Hände legt. Ich nehme an, daß Sie die Absicht haben, Shen Te zu heiraten?

SUN: Dazu wäre ich bereit.

SHUI TA: Aber ist es dann nicht schade, den Laden für ein paar Silberdollar wegzuhökern? Man wird wenig dafür bekommen, wenn man schnell verkaufen muß. Mit den 200 Silberdollar, die Sie in den Händen haben, wäre die Miete für ein halbes Jahr gesichert. Würde es Sie nicht auch locken, das Tabakgeschäft weiterzuführen?

SUN: Mich? Soll man Yang Sun, den Flieger, hinter einem Ladentisch stehen sehen: „Wünschen Sie eine starke Zigarre oder eine milde, geehrter Herr?" Das ist kein Geschäft für die Yang Suns, nicht in diesem Jahrhundert!

SHUI TA: Gestatten Sie mir die Frage, ob die Fliegerei ein Geschäft ist?

SUN *zieht einen Brief aus der Tasche:* Herr, ich bekomme 250 Silberdollar im Monat! Sehen Sie selber den Brief. Hier ist die Briefmarke und der Stempel. Peking.

SHUI TA: 250 Silberdollar? Das ist viel.

SUN: Meinen Sie, ich fliege umsonst?

SHUI TA: Die Stelle ist anscheinend gut. Herr Yang Sun, meine Kusine hat mich beauftragt, Ihnen zu dieser Stelle als Flieger zu verhelfen, die Ihnen alles bedeutet. Vom Standpunkt meiner Kusine aus sehe ich keinen triftigen Einwand dagegen, daß sie dem Zug ihres Herzens folgt. Sie ist vollkommen berechtigt, der Freuden der Liebe teilhaftig zu werden. Ich bin bereit, alles hier zu Geld zu machen. Da kommt die Hausbesitzerin, Frau Mi Tzü, die ich wegen des Verkaufs um Rat fragen will.

DIE HAUSBESITZERIN *herein:* Guten Tag, Herr Shui Ta. Es handelt sich wohl um die Ladenmiete, die übermorgen fällig ist.

SHUI TA: Frau Mi Tzü, es sind Umstände eingetreten, die es zweifelhaft gemacht haben, ob meine Kusine den Laden weiterführen wird. Sie gedenkt zu heiraten, und ihr zukünftiger Mann, – *er stellt Yang*

Sun vor – Herr Yang Sun, nimmt sie mit sich nach Peking, wo sie eine neue Existenz gründen wollen. Wenn ich für meinen Tabak genug bekomme, verkaufe ich.

DIE HAUSBESITZERIN: Wieviel brauchen Sie denn?

SUN: 300 auf den Tisch.

SHUI TA *schnell:* Nein, 500!

DIE HAUSBESITZERIN *zu Sun:* Vielleicht kann ich Ihnen unter die Arme greifen. *Zu Shui Ta:* Was hat Ihr Tabak gekostet?

SHUI TA: Meine Kusine hat einmal 1000 Silberdollar dafür bezahlt, und es ist sehr wenig verkauft worden.

DIE HAUSBESITZERIN: 1000 Silberdollar! Sie ist natürlich hereingelegt worden. Ich will Ihnen etwas sagen: ich zahle Ihnen 300 Silberdollar für den ganzen Laden, wenn Sie übermorgen ausziehen.

SUN: Das tun wir. Es geht, Alter!

SHUI TA: Es ist zu wenig!

SUN: Es ist genug!

SHUI TA: Ich muß wenigstens 500 haben.

SUN: Wozu?

SHUI TA: Gestatten Sie, daß ich mit dem Verlobten meiner Kusine etwas bespreche. *Beiseite zu Sun:* Der ganze Tabak hier ist verpfändet an zwei alte Leute für die 200 Silberdollar, die Ihnen gestern ausgehändigt wurden.

SUN *zögernd:* Ist etwas Schriftliches darüber vorhanden?

SHUI TA: Nein.

SUN *zur Hausbesitzerin nach einer kleinen Pause:* Wir können es machen mit den 300.

DIE HAUSBESITZERIN: Aber ich müßte noch wissen, ob der Laden schuldenfrei ist.

SUN: Antworten Sie!

SHUI TA: Der Laden ist schuldenfrei.

SUN: Wann wären die 300 zu bekommen?

DIE HAUSBESITZERIN: Übermorgen, und Sie können es sich ja überlegen. Wenn Sie einen Monat Zeit haben mit dem Verkaufen, werden Sie mehr herausholen. Ich zahle 300 und das nur, weil ich gern das Meine tun will, wo es sich anscheinend um ein junges Liebesglück handelt. *Ab.*

SUN *nachrufend:* Wir machen das Geschäft! Kistchen, Töpfchen und Säcklein, alles für 300, und der Schmerz ist zu Ende. *Zu Shui Ta:* Vielleicht bekommen wir bis übermorgen woanders mehr? Dann könnten wir sogar die 200 zurückzahlen.

SHUI TA: Nicht in der kurzen Zeit. Wir werden keinen Silberdollar mehr haben als die 300 der Mi Tzü. Das Geld für die Reise zu zweit und die erste Zeit haben Sie?

SUN: Sicher.

SHUI TA: Wieviel ist das?

SUN: Jedenfalls werde ich es auftreiben, und wenn ich es stehlen müßte!

SHUI TA: Ach so, auch diese Summe müßte erst aufgetrieben werden?

SUN: Kipp nicht aus den Schuhen, Alter. Ich komme schon nach Peking.

SHUI TA: Aber für zwei Leute kann es nicht so billig sein.

SUN: Zwei Leute? Das Mädchen lasse ich doch hier.

Sie wäre mir in der ersten Zeit nur ein Klotz am Bein.

SHUI TA: Ich verstehe.

SUN: Warum schauen Sie mich an wie einen undichten Ölbehälter? Man muß sich nach der Decke strecken

SHUI TA: Und wovon soll meine Kusine leben?

SUN: Können Sie nicht etwas für sie tun?

SHUI TA: Ich werde mich bemühen. *Pause.* Ich wollte, Sie händigten mir die 200 Silberdollar wieder aus, Herr Yang Sun, und ließen sie hier, bis Sie imstande sind, mir zwei Billetts nach Peking zu zeigen.

SUN: Lieber Schwager, ich wollte, du mischtest dich nicht hinein.

SHUI TA: Fräulein Shen Te ...

SUN: Überlassen Sie das Mädchen ruhig mir.

SHUI TA: ... wird vielleicht ihren Laden nicht mehr verkaufen wollen, wenn sie erfährt ...

SUN: Sie wird auch dann.

SHUI TA: Und von meinem Einspruch befürchten Sie nichts?

SUN: Lieber Herr!

SHUI TA: Sie scheinen zu vergessen, daß sie ein Mensch ist und eine Vernunft hat.

SUN *belustigt:* Was gewisse Leute von ihren weiblichen Verwandten und der Wirkung vernünftigen Zuredens denken, hat mich immer gewundert. Haben Sie schon einmal von der Macht der Liebe oder dem Kitzel des Fleisches gehört? Sie wollen an ihre Vernunft appellieren? Sie hat keine Vernunft! Dagegen ist sie zeitlebens mißhandelt worden, armes Tier! Wenn ich ihr die Hand auf die Schulter

lege und ihr sage „Du gehst mit mir", hört sie
Glocken und kennt ihre Mutter nicht mehr.

SHUI TA *mühsam:* Herr Yang Sun!

SUN: Herr Wie-Sie-auch-heißen-mögen!

SHUI TA: Meine Kusine ist Ihnen ergeben, weil . . .

SUN: Wollen wir sagen, weil ich die Hand am Busen
habe? Stopf's in deine Pfeife und rauch's! *Er nimmt
sich noch eine Zigarre, dann steckt er ein paar in
die Tasche, und am Ende nimmt er die Kiste unter
den Arm.* Du kommst zu ihr nicht mit leeren Händen: bei der Heirat bleibt's. Und da bringt sie
die 300, oder du bringst sie, oder sie, oder du! *Ab.*

DIE SHIN *steckt den Kopf aus dem Gelaß:* Keine an-
genehme Erscheinung! Und die ganze Gelbe Gasse
weiß, daß er das Mädchen vollständig in der Hand
hat.

SHUI TA *aufschreiend:* Der Laden ist weg! Er liebt
nicht! Das ist der Ruin. Ich bin verloren! *Er beginnt
herumzulaufen wie ein gefangenes Tier, immerzu
wiederholend: „Der Laden ist weg!", bis er plötzlich stehenbleibt und die Shin anredet:* Shin, Sie
sind am Rinnstein aufgewachsen, und so bin ich es.
Sind wir leichtfertig? Nein. Lassen wir es an der
nötigen Brutalität fehlen? Nein. Ich bin bereit, Sie
am Hals zu nehmen und Sie solang zu schütteln,
bis Sie den Käsch ausspucken, den Sie mir gestohlen haben, Sie wissen es. Die Zeiten sind furchtbar,
diese Stadt ist eine Hölle, aber wir krallen uns an
der glatten Mauer hoch. Dann ereilt einen von uns
das Unglück: er liebt. Das genügt, er ist verloren.
Eine Schwäche und man ist abserviert. Wie soll man
sich von allen Schwächen freimachen, vor allem von

der tödlichsten, der Liebe? Sie ist ganz unmöglich! Sie ist zu teuer! Freilich, sagen Sie selbst, kann man leben, immer auf der Hut? Was ist das für eine Welt?

Die Liebkosungen gehen in Würgungen über.

Der Liebesseufzer verwandelt sich in den Angstschrei.

Warum kreisen die Geier dort?

Dort geht eine zum Stelldichein!

DIE SHIN: Ich denke, ich hole lieber gleich den Barbier. Sie müssen mit dem Barbier reden. Das ist ein Ehrenmann. Der Barbier, das ist der Richtige für Ihre Kusine.

Da sie keine Antwort erhält, läuft sie weg. Shui Ta läuft wieder herum, bis Herr Shu Fu eintritt, gefolgt von der Shin, die sich jedoch auf einen Wink Herrn Shu Fu's zurückziehen muß.

SHUI TA *eilt ihm entgegen:* Lieber Herr, vom Hörensagen weiß ich, daß Sie für meine Kusine einiges Interesse angedeutet haben. Lassen Sie mich alle Gebote der Schicklichkeit, die Zurückhaltung fordern, beiseite setzen, denn das Fräulein ist im Augenblick in größter Gefahr.

HERR SHU FU: Oh!

SHUI TA: Noch vor wenigen Stunden im Besitz eines eigenen Ladens, ist meine Kusine jetzt wenig mehr als eine Bettlerin. Herr Shu Fu, dieser Laden ist ruiniert.

HERR SHU FU: Herr Shui Ta, der Zauber Fräulein Shen Te's besteht kaum in der Güte ihres Ladens, sondern in der Güte ihres Herzens. Der Name, den dieses Viertel dem Fräulein verlieh, sagt alles: Der Engel der Vorstädte!

SHUI TA: Lieber Herr, diese Güte hat meine Kusine an einem einzigen Tage 200 Silberdollar gekostet! Da muß ein Riegel vorgeschoben werden.

HERR SHU FU: Gestatten Sie, daß ich eine abweichende Meinung äußere: dieser Güte muß der Riegel erst recht eigentlich geöffnet werden. Es ist die Natur des Fräuleins, Gutes zu tun. Was bedeutet da die Speisung von vier Menschen, die ich sie jeden Morgen mit Rührung vornehmen sehe! Warum darf sie nicht vierhundert speisen? Ich höre, sie zerbricht sich zum Beispiel den Kopf, wie ein paar Obdachlose unterbringen. Meine Häuser hinter dem Viehhof stehen leer. Sie sind zu ihrer Verfügung usw. usw. Herr Shui Ta, dürfte ich hoffen, daß solche Ideen, die mir in den letzten Tagen gekommen sind, bei Fräulein Shen Te Gehör finden könnten?

SHUI TA: Herr Shu Fu, sie wird so hohe Gedanken mit Bewunderung anhören.

Herein Wang mit dem Polizisten. Herr Shu Fu wendet sich um und studiert die Stellagen.

WANG: Ist Fräulein Shen Te hier?

SHUI TA: Nein.

WANG: Ich bin Wang, der Wasserverkäufer. Sie sind wohl Herr Shui Ta?

SHUI TA: Ganz richtig. Guten Tag, Wang.

WANG: Ich bin befreundet mit Shen Te.

SHUI TA: Ich weiß, daß Sie einer Ihrer ältesten Freunde sind.

WANG *zum Polizisten:* Sehen Sie? *Zu Shui Ta:* Ich komme wegen meiner Hand.

DER POLIZIST: Kaputt ist sie, das ist nicht zu leugnen.

SHUI TA *schnell:* Ich sehe, Sie brauchen eine Schlinge für den Arm.

Er holt aus dem Gelaß einen Shawl und wirft ihn Wang zu.

WANG: Aber das ist doch der neue Shawl!

SHUI TA: Sie braucht ihn nicht mehr.

WANG: Aber sie hat ihn gekauft, um jemand Bestimmtem zu gefallen.

SHUI TA: Das ist nicht mehr nötig, wie es sich herausgestellt hat.

WANG *macht sich eine Schlinge aus dem Shawl:* Sie ist meine einzige Zeugin.

DER POLIZIST: Ihre Kusine soll gesehen haben, wie der Barbier Shu Fu mit der Brennschere nach dem Wasserverkäufer geschlagen hat. Wissen Sie davon?

SHUI TA: Ich weiß nur, daß meine Kusine selbst nicht zur Stelle war, als der kleine Vorfall sich abspielte.

WANG: Das ist ein Mißverständnis! Lassen Sie Shen Te erst da sein, und alles klärt sich auf. Shen Te wird alles bezeugen. Wo ist sie?

SHUI TA *ernst:* Herr Wang, Sie nennen sich einen Freund meiner Kusine. Meine Kusine hat eben jetzt sehr große Sorgen. Sie ist von allen Seiten erschreckend ausgenutzt worden. Sie kann sich in Zukunft nicht mehr die allerkleinste Schwäche leisten. Ich bin überzeugt, Sie werden nicht verlangen, daß sie sich vollends um alles bringt, indem sie in Ihrem Fall anderes als die Wahrheit sagt.

WANG *verwirrt:* Aber ich bin auf ihren Rat zum Richter gegangen.

SHUI TA: Sollte der Richter Ihre Hand heilen?

DER POLIZIST: Nein. Aber er sollte den Barbier zahlen machen.

Herr Shu Fu dreht sich um.

SHUI TA: Herr Wang, es ist eines meiner Prinzipien, mich nicht in einen Streit zwischen meinen Freunden zu mischen.

Shui Ta verbeugt sich vor Herrn Shu Fu, der sich zurückverbeugt.

WANG *die Schlinge wieder abnehmend und sie zurücklegend, traurig:* Ich verstehe.

DER POLIZIST: Worauf ich wohl wieder gehen kann. Du bist mit deinem Schwindel an den Unrechten gekommen, nämlich an einen ordentlichen Mann. Sei das nächste Mal ein wenig vorsichtiger mit deinen Anklagen, Kerl. Wenn Herr Shu Fu nicht Gnade vor Recht ergehen läßt, kannst du noch wegen Ehrabschneidung ins Kittchen kommen. Ab jetzt!

Beide ab.

SHUI TA: Ich bitte, den Vorgang zu entschuldigen.

HERR SHU FU: Er ist entschuldigt. *Dringend:* Und die Sache mit diesem „bestimmten Jemand" – *er zeigt auf den Shawl* – ist wirklich vorüber? Ganz aus?

SHUI TA: Ganz. Er ist durchschaut. Freilich, es wird Zeit nehmen, bis alles verwunden ist.

HERR SHU FU: Man wird vorsichtig sein, behutsam.

SHUI TA: Da sind frische Wunden.

HERR SHU FU: Sie wird aufs Land reisen.

SHUI TA: Einige Wochen. Sie wird jedoch froh sein, zuvor alles besprechen zu können mit jemand, dem sie vertrauen kann.

HERR SHU FU: Bei einem kleinen Abendessen, in einem kleinen, aber guten Restaurant.

SHUI TA: In diskreter Weise. Ich beeile mich, meine Kusine zu verständigen. Sie wird sich vernünftig zeigen. Sie ist in großer Unruhe wegen ihres Ladens, den sie als Geschenk der Götter betrachtet. Gedulden Sie sich ein paar Minuten. *Ab in das Gelaß.*

DIE SHIN *steckt den Kopf herein:* Kann man gratulieren?

HERR SHU FU: Man kann. Frau Shin, richten Sie heute noch Fräulein Shen Te's Schützlingen von mir aus, daß ich ihnen in meinen Häusern hinter dem Viehhof Unterkunft gewähre.

Sie nickt grinsend.

HERR SHU FU *aufstehend, zum Publikum:* Wie finden Sie mich, meine Damen und Herren? Kann man mehr tun? Kann man selbstloser sein? Feinfühliger? Weitblickender? Ein kleines Abendessen! Was denkt man sich doch dabei gemeinhin Ordinäres und Plumpes! Und nichts wird davon geschehen, nichts. Keine Berührung, nicht einmal eine scheinbar zufällige beim Reichen des Salznäpfchens! Nur ein Austausch von Ideen wird stattfinden. Zwei Seelen werden sich finden, über den Blumen des Tisches. Weiße Chrysanthemen übrigens. *Er notiert sich das.* Nein, hier wird nicht eine unglückliche Lage

ausgenutzt, hier wird kein Vorteil aus einer Enttäuschung gezogen. Verständnis und Hilfe wird
geboten, aber beinahe lautlos. Nur mit einem Blick
wird das vielleicht anerkannt werden, einem Blick,
der auch mehr bedeuten kann.

DIE SHIN: So ist alles nach Wunsch gegangen, Herr
Shu Fu?

HERR SHU FU: Oh, ganz nach Wunsch! Es wird vermutlich Veränderungen in dieser Gegend geben.
Ein gewisses Subjekt hat den Laufpaß bekommen,
und einige Anschläge auf diesen Laden werden zu
Fall gebracht werden. Gewisse Leute, die sich nicht
entblöden, dem Ruf des keuschesten Mädchens dieser Stadt zu nahe zu treten, werden es in Zukunft
mit mir zu tun bekommen. Was wissen Sie von diesem Yang Sun?

DIE SHIN: Er ist der schmutzigste, faulste...

HERR SHU FU: Er ist nichts. Es gibt ihn nicht. Er ist
nicht vorhanden, Shin.

Herein Sun.

SUN: Was geht hier vor?

DIE SHIN: Herr Shu Fu, wünschen Sie, daß ich Herrn
Shui Ta rufe? Er wird nicht wollen, daß sich hier
fremde Leute im Laden herumtreiben.

HERR SHU FU: Fräulein Shen Te hat eine wichtige
Besprechung mit Herrn Shui Ta, die nicht unter-
brochen werden darf.

SUN: Was, sie ist hier? Ich habe sie gar nicht hinein-
gehen sehen! Was ist das für eine Besprechung? Da
muß ich teilnehmen!

HERR SHU FU *hindert ihn, ins Gelaß zu gehen:* Sie

werden sich zu gedulden haben, mein Herr. Ich denke, ich weiß, wer Sie sind. Nehmen Sie zur Kenntnis, daß Fräulein Shen Te und ich vor der Bekanntgabe unserer Verlobung stehen.

SUN: Was?

DIE SHIN: Das setzt Sie in Erstaunen, wie?

Sun ringt mit dem Barbier, um ins Gelaß zu kommen, heraus tritt Shen Te.

HERR SHU FU: Entschuldigen Sie, liebe Shen Te. Vielleicht erklären Sie...

SUN: Was ist da los, Shen Te? Bist du verrückt geworden?

SHEN TE *atemlos:* Sun, mein Vetter und Herr Shu Fu sind übereingekommen, daß ich Herrn Shu Fu's Ideen anhöre, wie man den Leuten in diesem Viertel helfen könnte. *Pause.* Mein Vetter ist gegen unsere Beziehung.

SUN: Und du bist einverstanden?

SHEN TE: Ja.

Pause.

SUN: Haben sie dir gesagt, ich bin ein schlechter Mensch?

Shen Te schweigt.

SUN: Denn das bin ich vielleicht, Shen Te. Und das ist es, warum ich dich brauche. Ich bin ein niedriger Mensch. Ohne Kapital, ohne Manieren. Aber ich wehre mich. Sie treiben dich in dein Unglück, Shen Te! *Er geht zu ihr. Gedämpft:* Sieh ihn doch an! Hast du keine Augen im Kopf? *Mit der Hand auf ihrer Schulter:* Armes Tier, wozu wollten sie dich jetzt wieder bringen? In eine Vernunftheirat? Ohne mich hätten sie dich einfach auf die Schlachtbank geschleift. Sag selber, ob du ohne mich nicht mit ihm weggegangen wärst?

SHEN TE: Ja.

SUN: Einem Mann, den du nicht liebst!

SHEN TE: Ja.

SUN: Hast du alles vergessen? Wie es regnete?

SHEN TE: Nein.

SUN: Wie du mich vom Ast geschnitten, wie du mir ein Glas Wasser gekauft, wie du mir das Geld versprochen hast, daß ich wieder fliegen kann?

SHEN TE *zitternd:* Was willst du?

SUN: Daß du mit mir weggehst.

SHEN TE: Herr Shu Fu, verzeihen Sie mir, ich will mit Sun weggehen.

SUN: Wir sind Liebesleute, wissen Sie. *Er führt sie zur Tür.* Wo hast du den Ladenschlüssel? *Er nimmt ihn aus ihrer Tasche und gibt ihn der Shin.* Legen Sie ihn auf die Türschwelle, wenn Sie fertig sind. Komm, Shen Te.

HERR SHU FU: Aber das ist ja eine Vergewaltigung! *Schreit nach hinten:* Herr Shui Ta!

SUN: Sag ihm, er soll hier nicht herumbrüllen.

SHEN TE: Bitte rufen Sie meinen Vetter nicht, Herr Shu Fu. Er ist nicht einig mit mir, ich weiß es. Aber er hat nicht recht, ich fühle es. *Zum Publikum:*

> Ich will mit dem gehen, den ich liebe.
> Ich will nicht ausrechnen, was es kostet.
> Ich will nicht nachdenken, ob es gut ist.

Ich will nicht wissen, ob er mich liebt.
Ich will mit ihm gehen, den ich liebe.

SUN: So ist es.

Beide gehen ab.

ZWISCHENSPIEL VOR DEM VORHANG

Shen Te, im Hochzeitsschmuck auf dem Weg zur Hochzeit, wendet sich an das Publikum.

SHEN TE: Ich habe ein schreckliches Erlebnis gehabt. Als ich aus der Tür trat, lustig und erwartungsvoll, stand die alte Frau des Teppichhändlers auf der Straße und erzählte mir zitternd, daß ihr Mann vor Aufregung und Sorge um das Geld, das sie mir geliehen haben, krank geworden ist. Sie hielt es für das Beste, wenn ich ihr das Geld jetzt auf jeden Fall zurückgäbe. Ich versprach es natürlich. Sie war sehr erleichtert und wünschte mir weinend alles Gute, mich um Verzeihung bittend, daß sie meinem Vetter und leider auch Sun nicht voll vertrauen könnten. Ich mußte mich auf die Treppe setzen, als sie weg war, so erschrocken war ich über mich. In einem Aufruhr der Gefühle hatte ich mich Yang Sun wieder in die Arme geworfen. Ich konnte seiner Stimme und seinen Liebkosungen nicht widerstehen. Das Böse, was er Shui Ta gesagt hatte, hatte Shen Te nicht belehren können. In seine Arme sinkend, dachte ich noch: die Götter haben auch gewollt, daß ich zu mir gut bin.

Keinen verderben zu lassen, auch nicht sich selber
Jeden mit Glück zu erfüllen, auch sich, das ist gut.

Wie habe ich die beiden guten Alten einfach vergessen können! Sun hat wie ein kleiner Hurrikan
in Richtung Peking meinen Laden einfach weggefegt
und mit ihm alle meine Freunde. Aber er ist nicht
schlecht, und er liebt mich. Solang ich um ihn bin,
wird er nichts Schlechtes tun. Was ein Mann zu
Männern sagt, das bedeutet nichts. Da will er groß
und mächtig erscheinen und besonders hartgekocht.
Wenn ich ihm sage, daß die beiden Alten ihre
Steuern nicht bezahlen können, wird er alles verstehen. Lieber wird er in die Zementfabrik gehen,
als sein Fliegen einer Untat verdanken zu wollen.
Freilich, das Fliegen ist bei ihm eine große Leidenschaft. Werde ich stark genug sein, das Gute in ihm
anzurufen? Jetzt, auf dem Weg zur Hochzeit,
schwebe ich zwischen Furcht und Freude.

Sie geht schnell weg.

6

Nebenzimmer eines billigen
Restaurants in der Vorstadt

*Ein Kellner schenkt der Hochzeitsgesellschaft Wein
ein. Bei Shen Te stehen der Großvater, die Schwägerin, die Nichte, die Shin und der Arbeitslose. In der
Ecke steht allein ein Bonze. Vorn spricht Sun mit seiner Mutter, Frau Yang. Er trägt einen Smoking.*

SUN: Etwas Unangenehmes, Mama. Sie hat mir eben
in aller Unschuld gesagt, daß sie den Laden nicht
für mich verkaufen kann. Irgendwelche Leute erheben eine Forderung, weil sie ihr die 200 Silberdollar geliehen haben, die sie dir gab. Dabei sagt
ihr Vetter, daß überhaupt nichts Schriftliches vor-
liegt.

FRAU YANG: Was hast du ihr geantwortet? Du kannst
sie natürlich nicht heiraten.

SUN: Es hat keinen Sinn, mit ihr über so etwas zu
reden, sie ist zu dickköpfig. Ich habe nach ihrem
Vetter geschickt.

FRAU YANG: Aber der will sie doch mit dem Barbier
verheiraten.

SUN: Diese Heirat habe ich erledigt. Der Barbier ist
vor den Kopf gestoßen worden. Ihr Vetter wird
schnell begreifen, daß der Laden weg ist, wenn ich
die 200 nicht mehr herausrücke, weil dann die
Gläubiger ihn beschlagnahmen, daß aber auch die
Stelle weg ist, wenn ich die 300 nicht noch bekomme.

FRAU YANG: Ich werde vor dem Restaurant nach ihm ausschauen. Geh jetzt zu deiner Braut, Sun!

SHEN TE *beim Weineinschenken zum Publikum:* Ich habe mich nicht in ihm geirrt. Mit keiner Miene hat er Enttäuschung gezeigt. Trotz des schweren Schlages, den für ihn der Verzicht auf das Fliegen bedeuten muß, ist er vollkommen heiter. Ich liebe ihn sehr. *Sie winkt Sun zu sich.* Sun, mit der Braut hast du noch nicht angestoßen!

SUN: Worauf soll es sein?

SHEN TE: Es soll auf die Zukunft sein.

Sie trinken.

SUN: Wo der Smoking des Bräutigams nicht mehr nur geliehen ist.

SHEN TE: Aber das Kleid der Braut noch mitunter in den Regen kommt.

SUN: Auf alles, was wir uns wünschen!

SHEN TE: Daß es schnell eintrifft!

FRAU YANG *im Abgehen zur Shin:* Ich bin entzückt von meinem Sohn. Ich habe ihm immer eingeschärft, daß er jede bekommen kann. Warum, er ist als Mechaniker ausgebildet und Flieger. Und was sagt er mir jetzt? Ich heirate aus Liebe, Mama, sagt er. Geld ist nicht alles. Es ist eine Liebesheirat! *Zur Schwägerin:* Einmal muß es ja sein, nicht wahr? Aber es ist schwer für eine Mutter, es ist schwer. *Zum Bonzen zurückrufend:* Machen Sie es nicht zu kurz. Wenn Sie sich zu der Zeremonie ebensoviel Zeit nehmen wie zum Aushandeln der Taxe, wird sie würdig sein. *Zu Shen Te:* Wir müssen allerdings noch ein wenig aufschieben, meine Liebe. Einer der teuersten Gäste ist noch nicht eingetroffen. *Zu allen:* Entschuldigt, bitte. *Ab.*

DIE SCHWÄGERIN: Man geduldet sich gern, so lang es Wein gibt.

Sie setzen sich.

DER ARBEITSLOSE: Man versäumt nichts.

SUN *laut und spaßhaft vor den Gästen:* Und vor der Verehelichung muß ich noch ein kleines Examen abhalten mit dir. Das ist wohl nicht unnötig, wenn so schnelle Hochzeiten beschlossen werden. *Zu den Gästen:* Ich weiß gar nicht, was für eine Frau ich bekomme. Das beunruhigt mich. Kannst du zum Beispiel aus drei Teeblättern fünf Tassen Tee kochen?

SHEN TE: Nein.

SUN: Ich werde also keinen Tee bekommen. Kannst du auf einem Strohsack von der Größe des Buches schlafen, das der Priester liest?

SHEN TE: Zu zweit?

SUN: Allein.

SHEN TE: Dann nicht.

SUN: Ich bin entsetzt, was für eine Frau ich bekomme.

Alle lachen. Hinter Shen Te tritt Frau Yang in die Tür. Sie bedeutet Sun durch ein Achselzucken, daß der erwartete Gast nicht zu sehen ist.

FRAU YANG *zum Bonzen, der ihr seine Uhr zeigt:* Haben Sie doch nicht solche Eile. Es kann sich doch nur noch um Minuten handeln. Ich sehe, man trinkt und man raucht und niemand hat Eile. *Sie setzt sich zu den Gästen.*

SHEN TE: Aber müssen wir nicht darüber reden, wie wir alles ordnen werden?

Frau Yang: Oh, bitte nichts von Geschäften heute! Das bringt einen so gewöhnlichen Ton in eine Feier, nicht?

Die Eingangsglocke bimmelt. Alles schaut zur Tür, aber niemand tritt ein.

Shen Te: Auf wen wartet deine Mutter, Sun?

Sun: Das soll eine Überraschung für dich sein. Was macht übrigens dein Vetter Shui Ta? Ich habe mich gut mit ihm verstanden. Ein sehr vernünftiger Mensch! Ein Kopf! Warum sagst du nichts?

Shen Te: Ich weiß nicht. Ich will nicht an ihn denken.

Sun: Warum nicht?

Shen Te: Weil du dich nicht mit ihm verstehen sollst. Wenn du mich liebst, kannst du ihn nicht lieben.

Sun: Dann sollen ihn die drei Teufel holen: der Bruchteufel, der Nebelteufel und der Gasmangelteufel! Trink, Dickköpfige! *Er nötigt sie.*

Die Schwägerin *zur Shin:* Hier stimmt etwas nicht.

Die Shin: Haben Sie etwas anderes erwartet?

Der Bonze *tritt resolut zu Frau Yang, die Uhr in der Hand:* Ich muß weg, Frau Yang. Ich habe noch eine zweite Hochzeit und morgen früh ein Begräbnis.

Frau Yang: Meinen Sie, es ist mir angenehm, daß alles hinausgeschoben wird? Wir hofften mit einem Krug Wein auszukommen. Sehen Sie jetzt, wie er zur Neige geht. *Laut zu Shen Te:* Ich verstehe nicht, liebe Shen Te, warum dein Vetter so lang auf sich warten läßt!

Shen Te: Mein Vetter?

Frau Yang: Aber, meine Liebe, er ist es doch, den wir erwarten. Ich bin altmodisch genug zu meinen, daß ein so naher Verwandter der Braut bei der Hochzeit zugegen sein muß.

SHEN TE: Oh, Sun, ist es wegen der 300 Silberdollar?

SUN *ohne sie anzusehen:* Du hörst doch, warum es ist. Sie ist altmodisch. Ich nehme da Rücksicht. Wir warten eine kleine Viertelstunde, und wenn er dann nicht gekommen ist, da die drei Teufel ihn im Griff haben, fangen wir an!

FRAU YANG: Sie wissen wohl alle schon, daß mein Sohn eine Stelle als Postflieger bekommt. Das ist mir sehr angenehm. In diesen Zeiten muß man gut verdienen.

DIE SCHWÄGERIN: Es soll in Peking sein, nicht wahr?

FRAU YANG: Ja, in Peking.

SHEN TE: Sun, du mußt es deiner Mutter sagen, daß aus Peking nichts werden kann.

SUN: Dein Vetter wird es ihr sagen, wenn er so denkt wie du. Unter uns: ich denke nicht so.

SHEN TE *erschrocken:* Sun!

SUN: Wie ich dieses Sezuan hasse! Und was für eine Stadt! Weißt du, wie ich sie alle sehe, wenn ich die Augen halb zumache? Als Gäule. Sie drehen bekümmert die Hälse hoch: was donnert da über sie weg? Wie, sie werden nicht mehr benötigt? Was, ihre Zeit ist schon um? Sie können sich zu Tode beißen in ihrer Gäulestadt! Ach, hier herauskommen!

SHEN TE: Aber ich habe den Alten ihr Geld zurückversprochen.

SUN: Ja, das hast du mir gesagt. Und da du solche Dummheit machst, ist es gut, daß dein Vetter kommt. Trink und überlaß das Geschäftliche uns! Wir erledigen das.

SHEN TE *entsetzt:* Aber mein Vetter kann nicht kommen!

SUN: Was heißt das?

SHEN TE: Er ist nicht mehr da.

SUN: Und wie denkst du dir unsere Zukunft, willst du mir das sagen?

SHEN TE: Ich dachte, du hast noch die 200 Silberdollar. Wir können sie morgen zurückgeben und den Tabak behalten, der viel mehr wert ist, und ihn zusammen vor der Zementfabrik verkaufen, weil wir die Halbjahresmiete ja nicht bezahlen können.

SUN: Vergiß das! Vergiß das schnell, Schwester! Ich soll mich auf die Straße stellen und Tabak verramschen an die Zementarbeiter, ich, Yang Sun, der Flieger! Lieber bringe ich die 200 in einer Nacht durch, lieber schmeiße ich sie in den Fluß! Und dein Vetter kennt mich. Mit ihm habe ich ausgemacht, daß er die 300 zur Hochzeit bringt.

SHEN TE: Mein Vetter kann nicht kommen.

SUN: Und ich dachte, er kann nicht wegbleiben.

SHEN TE: Wo ich bin, kann er nicht sein.

SUN: Wie geheimnisvoll!

SHEN TE: Sun, das mußt du wissen, er ist nicht dein Freund. Ich bin es, die dich liebt. Mein Vetter Shui Ta liebt niemand. Er ist mein Freund, aber er ist keiner meiner Freunde Freund. Er war damit einverstanden, daß du das Geld der beiden Alten bekamst, weil er an die Fliegerstelle in Peking dachte. Aber er wird dir die 300 Silberdollar nicht zur Hochzeit bringen.

SUN: Und warum nicht?

Shen Te *ihm in die Augen sehend:* Er sagt, du hast nur ein Billett nach Peking gekauft.

Sun: Ja, das war gestern, aber sieh her, was ich ihm heute zeigen kann! *Er zieht zwei Zettel halb aus der Brusttasche.* Die Alte braucht es nicht zu sehen. Das sind zwei Billette nach Peking, für mich und für dich. Meinst du noch, daß dein Vetter gegen die Heirat ist?

Shen Te: Nein. Die Stelle ist gut. Und meinen Laden habe ich nicht mehr.

Sun: Deinetwegen habe ich die Möbel verkauft.

Shen Te: Sprich nicht weiter! Zeig mir nicht die Billette! Ich spüre eine zu große Furcht, ich könnte einfach mit dir gehen. Aber, Sun, ich kann dir die 300 Silberdollar nicht geben, denn was soll aus den beiden Alten werden?

Sun: Was aus mir? *Pause.* Trink lieber! Oder gehörst du zu den Vorsichtigen? Ich mag keine vorsichtige Frau. Wenn ich trinke, fliege ich wieder. Und du, wenn du trinkst, dann verstehst du mich vielleicht, möglicherweise.

Shen Te: Glaub nicht, ich verstehe dich nicht. Daß du fliegen willst, und ich kann dir nicht dazu helfen.

Sun: „Hier ein Flugzeug, Geliebter, aber es hat nur einen Flügel!"

Shen Te: Sun, zu der Stelle in Peking können wir nicht ehrlich kommen. Darum brauche ich die 200 Silberdollar wieder, die du von mir bekommen hast. Gib sie mir gleich, Sun!

Sun: „Gib sie mir gleich, Sun!" Von was redest du eigentlich? Bist du meine Frau oder nicht? Denn du verrätst mich, das weißt du doch? Zum Glück, auch zu dem deinen, kommt es nicht mehr auf dich an, da alles ausgemacht ist.

FRAU YANG *eisig:* Sun, bist du sicher, daß der Vetter der Braut kommt? Es könnte beinahe erscheinen, er hat etwas gegen diese Heirat, da er ausbleibt.

SUN: Wo denkst du hin, Mama! Er und ich sind ein Herz und eine Seele. Ich werde die Tür weit auf-machen, damit er uns sofort findet, wenn er gelau-fen kommt, seinem Freund Sun den Brautführer zu machen. *Er geht zur Tür und stößt sie mit dem Fuß auf. Dann kehrt er, etwas schwankend, da er schon zu viel getrunken hat, zurück und setzt sich wieder zu Shen Te.* Wir warten. Dein Vetter hat mehr Vernunft als du. Die Liebe, sagt er weise, ge-hört zur Existenz. Und, was wichtiger ist, er weiß, was es für dich bedeutet: kein Laden mehr und auch keine Heirat!

Es wird gewartet.

FRAU YANG: Jetzt!

Man hört Schritte und alle schauen nach der Tür. Aber die Schritte gehen vorüber.

DIE SHIN: Es wird ein Skandal. Man kann es fühlen, man kann es riechen. Die Braut wartet auf die Hochzeit, aber der Bräutigam wartet auf den Herrn Vetter.

SUN: Der Herr Vetter läßt sich Zeit.

SHEN TE *leise:* Oh, Sun!

SUN: Hier zu sitzen mit den Billetten in der Tasche und eine Närrin daneben, die nicht rechnen kann! Und ich sehe den Tag kommen, wo du mir die Polizei ins Haus schickst, damit sie 200 Silberdollar abholt.

SHEN TE *zum Publikum:* Er ist schlecht und er will, daß auch ich schlecht sein soll. Hier bin ich, die ihn liebt, und er wartet auf den Vetter. Aber um mich sitzen die Verletzlichen, die Greisin mit dem kranken Mann, die Armen, die am Morgen vor der Tür auf den Reis warten, und ein unbekannter Mann aus Peking, der um seine Stelle besorgt ist. Und sie alle beschützen mich, indem sie mir alle vertrauen.

SUN *starrt auf den Glaskrug, in dem der Wein zur Neige gegangen ist:* Der Glaskrug mit dem Wein ist unsere Uhr. Wir sind arme Leute, und wenn die Gäste den Wein getrunken haben, ist sie abgelaufen für immer.

Frau Yang bedeutet ihm zu schweigen, denn wieder werden Schritte hörbar.

DER KELLNER *herein:* Befehlen Sie noch einen Krug Wein, Frau Yang?

FRAU YANG: Nein, ich denke, wir haben genug. Der Wein macht einen nur warm, nicht?

DIE SHIN: Er ist wohl auch teuer.

FRAU YANG: Ich komme immer ins Schwitzen durch das Trinken.

DER KELLNER: Dürfte ich dann um die Begleichung der Rechnung bitten?

FRAU YANG *überhört ihn:* Ich bitte die Herrschaften, sich noch ein wenig zu gedulden, der Verwandte muß ja unterwegs sein. *Zum Kellner:* Stör die Feier nicht!

DER KELLNER: Ich darf Sie nicht ohne die Begleichung der Rechnung weglassen.

FRAU YANG: Aber man kennt mich doch hier!

DER KELLNER: Eben.

FRAU YANG: Unerhört, diese Bedienung heutzutage! Was sagt du dazu, Sun?

DER BONZE: Ich empfehle mich. *Gewichtig ab.*

FRAU YANG *verzweifelt:* Bleibt alle ruhig sitzen! Der Priester kommt in wenigen Minuten zurück.

SUN: Laß nur, Mama. Meine Herrschaften, nachdem der Priester gegangen ist, können wir Sie nicht mehr zurückhalten.

DIE SCHWÄGERIN: Komm, Großvater!

DER GROSSVATER *leert ernst sein Glas:* Auf die Braut!

DIE NICHTE *zu Shen Te:* Nehmen Sie es ihm nicht übel. Er meint es freundlich. Er hat Sie gern.

DIE SHIN: Das nenne ich eine Blamage!

Alle Gäste gehen ab.

SHEN TE: Soll ich auch gehen, Sun?

SUN: Nein, du wartest. *Er zerrt sie an ihrem Brautschmuck, so daß er schief zu sitzen kommt. Ist es nicht* deine Hochzeit? Ich warte noch, und die Alte wartet auch noch. Sie jedenfalls wünscht den Falken in den Wolken. Ich glaube jetzt freilich fast, das wird am Sankt Nimmerleinstag sein, wo sie vor die Tür tritt und sein Flugzeug donnert über ihr Haus. *Nach den leeren Sitzen hin, als seien die Gäste noch da:* Meine Damen und Herren, wo bleibt die Konversation? Gefällt es Ihnen nicht hier? Die Hochzeit ist doch nur ein wenig verschoben, des erwarteten wichtigen Verwandten wegen, und weil die

Braut nicht weiß, was Liebe ist. Um Sie zu unter-
halten, werde ich, der Bräutigam, Ihnen ein Lied
vorsingen. *Er singt:*

DAS LIED VOM SANKT NIMMERLEINSTAG

Eines Tags, und das hat wohl ein jeder gehört
Der in ärmlicher Wiege lag
Kommt des armen Weibs Sohn auf 'nen goldenen Thron
Und der Tag heißt Sankt Nimmerleinstag.
    Am Sankt Nimmerleinstag
    Sitzt er auf 'nem goldenen Thron.

Und an diesem Tag zahlt die Güte sich aus
Und die Schlechtigkeit kostet den Hals
Und Verdienst und Verdienen, die machen gute Mienen
Und tauschen Brot und Salz.
    Am Sankt Nimmerleinstag
    Da tauschen sie Brot und Salz.

Und das Gras sieht auf den Himmel hinab
Und den Fluß hinauf rollt der Kies
Und der Mensch ist nur gut. Ohne daß er mehr tut
Wird die Erde zum Paradies.
    Am Sankt Nimmerleinstag
    Wird die Erde zum Paradies.

Und an diesem Tag werd ich Flieger sein
Und ein General bist du.
Und du Mann mit zuviel Zeit kriegst endlich Arbeit
Und du armes Weib kriegst Ruh.
    Am Sankt Nimmerleinstag
    Kriegst armes Weib du Ruh.

Und weil wir gar nicht mehr warten können
Heißt es, alles dies sei
Nicht erst auf die Nacht um halb acht oder acht
Sondern schon beim Hahnenschrei.
   Am Sankt Nimmerleinstag
   Beim ersten Hahnenschrei.

FRAU YANG: Er kommt nicht mehr.

Die drei sitzen, und zwei von ihnen schauen nach der Tür.

ZWISCHENSPIEL

Wangs Nachtlager

Wieder erscheinen dem Wasserverkäufer im Traum die Götter. Er ist über einem großen Buch eingeschlafen. Musik.

WANG: Gut, daß ihr kommt, Erleuchtete! Gestattet eine Frage, die mich tief beunruhigt. In der zerfallenen Hütte eines Priesters, der weggezogen und Hilfsarbeiter in der Zementfabrik geworden ist, fand ich ein Buch, und darin entdeckte ich eine merkwürdige Stelle. Ich möchte sie unbedingt vorlesen. Hier ist sie.

Er blättert mit der Linken in einem imaginären Buch, über dem Buch, das er im Schoß hat, und hebt dieses imaginäre Buch zum Lesen hoch, während das richtige liegenbleibt.

WANG: „In Sung ist ein Platz namens Dornhain. Dort gedeihen Katalpen, Zypressen und Maulbeerbäume. Die Bäume nun, die ein oder zwei Spannen im Umfang haben, die werden abgehauen von den Leuten, die Stäbe für ihre Hundekäfige wollen. Die drei, vier Fuß im Umfang haben, werden abgehauen von den vornehmen und reichen Familien, die Bretter suchen für ihre Särge. Die mit sieben, acht Fuß Umfang werden abgehauen von denen, die nach Balken suchen für ihre Luxusvillen. So erreichen sie alle nicht ihrer Jahre Zahl, sondern gehen auf halbem Wege zugrunde durch Säge und Axt. Das ist das Leiden der Brauchbarkeit."

DER DRITTE GOTT: Aber da wäre ja der Unnützeste der Beste.

WANG: Nein, nur der Glücklichste. Der Schlechteste ist der Glücklichste.

DER ERSTE GOTT: Was doch alles geschrieben wird!

DER ZWEITE GOTT: Warum bewegt dich dieses Gleichnis so tief, Wasserverkäufer?

WANG: Shen Te's wegen, Erleuchteter! Sie ist in ihrer Liebe gescheitert, weil sie die Gebote der Nächstenliebe befolgte. Vielleicht ist sie wirklich zu gut für diese Welt, Erleuchtete!

DER ERSTE GOTT: Unsinn! Du schwacher, elender Mensch! Die Läuse und die Zweifel haben dich halb aufgefressen, scheint es.

WANG: Sicher, Erleuchteter! Entschuldige! Ich dachte nur, Ihr könntet vielleicht eingreifen.

DER ERSTE GOTT: Ganz unmöglich. Unser Freund

hier – *er zeigt auf den dritten Gott, der ein blau
geschlagenes Auge hat* – hat erst gestern in einen
Streit eingegriffen, du siehst die Folgen.

WANG: Aber der Vetter mußte schon wieder gerufen
werden. Er ist ein ungemein geschickter Mensch, ich
habe es am eigenen Leib erfahren, jedoch auch er
konnte nichts ausrichten. Der Laden scheint schon
verloren.

DER DRITTE GOTT *beunruhigt:* Vielleicht sollten wir
doch helfen?

DER ERSTE GOTT: Ich bin der Ansicht, daß sie sich
selber helfen muß.

DER ZWEITE GOTT *streng:* Je schlimmer seine Lage
ist, als desto besser zeigt sich der gute Mensch. Leid
läutert!

DER ERSTE GOTT: Wir setzen unsere ganze Hoffnung
auf sie.

DER DRITTE GOTT: Es steht nicht zum besten mit unserer Suche. Wir finden hier und da gute Anläufe,
erfreuliche Vorsätze, viele hohe Prinzipien, aber
das alles macht ja kaum einen guten Menschen aus.
Wenn wir halbwegs gute Menschen treffen, leben
sie nicht menschenwürdig. *Vertraulich:* Mit dem
Nachtlager steht es besonders schlimm. Du kannst
an den Strohhalmen, die an uns kleben, sehen, wo
wir unsere Nächte zubringen.

WANG: Nur eines, könntet ihr dann nicht wenigstens ...

DIE GÖTTER: Nichts. – Wir sind nur Betrachtende. –
Wir glauben fest, daß unser guter Mensch sich zu-
rechtfinden wird auf der dunklen Erde. – Seine
Kraft wird wachsen mit der Bürde. – Warte nur ab,

Wasserverkäufer, und du wirst erleben, alles nimmt
ein gutes . . .

Die Gestalten der Götter sind immer blasser, ihre
Stimmen immer leiser geworden. Nun entschwinden
sie, und die Stimmen hören auf.

7

Hof hinter Shen Te's Tabakladen

Auf einem Wagen ein wenig Hausrat. Von der Wäscheleine nehmen Shen Te und die Shin Wäsche.

DIE SHIN: Ich verstehe nicht, warum Sie nicht mit Messern und Zähnen um Ihren Laden kämpfen.

SHEN TE: Wie? Ich habe ja nicht einmal die Miete. Denn die 200 Silberdollar der alten Leute muß ich heute zurückgeben, aber da ich sie jemand anderem gegeben habe, muß ich ¬einen Tabak an Frau Mi Tzü verkaufen.

DIE SHIN: Also alles hin! Kein Mann, kein Tabak, keine Bleibe! So kommt es, wenn man etwas Besseres sein will als unsereins. Wovon wollen Sie jetzt leben?

SHEN TE: Ich weiß nicht. Vielleicht kann ich mit Tabaksortieren ein wenig verdienen.

DIE SHIN: Wie kommt Herrn Shui Ta's Hose hierher? Er muß nackicht von hier weggegangen sein.

SHEN TE: Er hat noch eine andere Hose.

DIE SHIN: Ich dachte, Sie sagten, er sei für immer weggereist? Warum läßt er da seine Hose zurück?

SHEN TE: Vielleicht braucht er sie nicht mehr.

DIE SHIN: So soll sie nicht eingepackt werden?

SHEN TE: Nein.

Herein stürzt Herr Shu Fu.

HERR SHU FU: Sagen Sie nichts. Ich weiß alles. Sie haben Ihr Liebesglück geopfert, damit zwei alte

Leute, die auf Sie vertrauten, nicht ruiniert sind. Nicht umsonst gibt Ihnen dieses Viertel, dieses mißtrauische und böswillige, den Namen „Engel der Vorstädte". Ihr Herr Verlobter konnte sich nicht zu Ihrer sittlichen Höhe emporarbeiten. Sie haben ihn verlassen. Und jetzt schließen Sie Ihren Laden, diese kleine Insel der Zuflucht für so viele! Ich kann es nicht mit ansehen. Von meiner Ladentür aus habe ich Morgen für Morgen das Häuflein Elende vor Ihrem Geschäft gesehen und Sie selbst, Reis austeilend. Soll das für immer vorbei sein? Soll jetzt das Gute untergehen? Ach, wenn Sie mir gestatten, Ihnen bei Ihrem guten Werk behilflich zu sein! Nein, sagen Sie nichts! Ich will keine Zusicherung. Keinerlei Versprechungen, daß Sie meine Hilfe annehmen wollen! Aber hier – *er zieht ein Scheckbuch heraus und zeichnet einen Scheck, den er ihr auf den Wagen legt* – fertige ich Ihnen einen Blankoscheck aus, den Sie nach Belieben in jeder Höhe ausfüllen können, und dann gehe ich, still und bescheiden, ohne Gegenforderung, auf den Fußzehen, voll Verehrung, selbstlos. *Ab.*

Die Shin *untersucht den Scheck:* Sie sind gerettet! Solche wie Sie haben Glück, sie finden immer einen Dummen. Jetzt aber zugegriffen! Schreiben Sie 1000 Silberdollar hinein, und ich laufe damit zur Bank, bevor er wieder zur Besinnung kommt.

Shen Te: Stellen Sie den Wäschekorb auf den Wagen. Die Wäscherechnung kann ich auch ohne den Scheck bezahlen.

Die Shin: Was? Sie wollen den Scheck nicht annehmen? Das ist ein Verbrechen! Ist es nur, weil Sie

meinen, daß Sie ihn dann heiraten müssen? Das
wäre hellichter Wahnsinn. So einer will doch an der
Nase herumgeführt werden! Das bereitet so einem
geradezu Wollust. Wollen Sie etwa immer noch an
Ihrem Flieger festhalten, von dem die ganze Gelbe
Gasse und auch das Viertel hier herum weiß, wie
schlecht er gegen Sie gewesen ist?

SHEN TE: Es kommt alles von der Not.

Zum Publikum:

Ich habe ihn nachts die Backen aufblasen sehn
                im Schlaf: sie waren böse.
Und in der Frühe hielt ich seinen Rock gegen
                das Licht: da sah ich die Wand durch.
Wenn ich sein schlaues Lachen sah,
                bekam ich Furcht, aber
Wenn ich seine löchrigen Schuhe sah,
                liebte ich ihn sehr.

DIE SHIN: Sie verteidigen ihn also noch? So etwas
Verrücktes habe ich nie gesehen. *Zornig:* Ich werde
aufatmen, wenn wir Sie aus dem Viertel haben.

SHEN TE *schwankt beim Abnehmen der Wäsche:* Mir
schwindelt ein wenig.

DIE SHIN *nimmt ihr die Wäsche ab:* Wird Ihnen öfter
schwindlig, wenn Sie sich strecken oder bücken?
Wenn da nur nicht was Kleines unterwegs ist!
Lacht: Der hat Sie schön hereingelegt! Wenn das
passiert sein sollte, ist es mit dem großen Scheck
Essig! Für solche Gelegenheit war der nicht gedacht.
Sie geht mit einem Korb nach hinten.

Shen Te schaut ihr bewegungslos nach. Dann betrachtet

191

sie ihren Leib, betastet ihn, und eine große Freude zeigt sich auf ihrem Gesicht.

SHEN TE *leise:* O Freude! Ein kleiner Mensch entsteht in meinem Leibe. Man sieht noch nichts. Er ist aber schon da. Die Welt erwartet ihn im Geheimen. In den Städten heißt es schon: Jetzt kommt einer, mit dem man rechnen muß. *Sie stellt ihren kleinen Sohn dem Publikum vor:* Ein Flieger!

Begrüßt einen neuen Eroberer
Der unbekannten Gebirge und unerreichbaren
         Gegenden! Einen
Der die Post von Mensch zu Mensch
Über die unwegsamen Wüsten bringt!

Sie beginnt auf und ab zu gehen und ihren kleinen Sohn an der Hand zu nehmen: Komm, Sohn, betrachte dir die Welt! Hier, das ist ein Baum. Verbeuge dich, begrüße ihn. *Sie macht die Verbeugung vor.* So, jetzt kennt ihr euch. Horch, dort kommt der Wasserverkäufer. Ein Freund, gib ihm die Hand. Sei unbesorgt. „Bitte, ein Glas frisches Wasser für meinen Sohn. Es ist warm." *Sie gibt ihm das Glas.* Ach, der Polizist! Da machen wir einen Bogen. Vielleicht holen wir uns ein paar Kirschen dort, im Garten des reichen Herrn Feh Pung. Da heißt es, nicht gesehen werden. Komm, Vaterloser! Auch du willst Kirschen! Sachte, sachte, Sohn! *Sie gehen vorsichtig, sich umblickend:* Nein, hier herum, da verbirgt uns das Gesträuch. Nein, so grad los drauf zu, das kannst du nicht machen, in diesem Fall. *Er scheint sie wegzuziehen, sie widerstrebt.* Wir müssen vernünftig sein. *Plötzlich gibt sie nach.* Schön, wenn du nur gradezu drauf losgehen willst... *Sie hebt ihn hoch.* Kannst du die Kirschen erreichen? Schieb in den Mund, dort sind sie gut aufgehoben. *Sie verspeist selber eine, die er ihr in den Mund steckt.* Schmeckt fein. Zum Teufel, der Polizist. Jetzt heißt es laufen. *Sie fliehen.* Da ist die Straße. Ruhig jetzt, langsam gegangen, damit wir nicht auffallen. Als ob nicht das Geringste geschehen wäre... *Sie singt, mit dem Kind spazierend:*

> Eine Pflaume ohne Grund
> Überfiel 'nen Vagabund.
> Doch der Mann war äußerst quick
> Biß die Pflaume ins Genick.

Herangekommen ist Wang, der Wasserverkäufer, ein Kind an der Hand führend. Er sieht Shen Te erstaunt zu.

SHEN TE *auf ein Husten Wangs:* Ach, Wang! Guten Tag.

WANG: Shen Te, ich habe gehört, daß es dir nicht gut geht, daß du sogar deinen Laden verkaufen mußt, um Schulden zu bezahlen. Aber da ist dieses Kind, das kein Obdach hat. Es lief auf dem Schlachthof herum. Anscheinend gehört es dem Schreiner Lin To, der vor einigen Wochen seine Werkstatt verloren hat und seitdem trinkt. Seine Kinder treiben sich hungernd herum. Was soll man mit ihnen machen?

SHEN TE *nimmt ihm das Kind ab:* Komm, kleiner Mann! *Zum Publikum:*

He, ihr! Da bittet einer um Obdach.
Einer von morgen bittet euch um ein Heute!
Sein Freund, der Eroberer, den ihr kennt
Ist der Fürsprecher.

Zu Wang: Er kann gut in den Baracken des Herrn
Shu Fu wohnen, wohin vielleicht auch ich gehe. Ich
soll selber ein Kind bekommen. Aber sag es nicht
weiter, sonst erfährt es Yang Sun, und er kann uns
nicht brauchen. Such Herrn Lin To in der unteren
Stadt und sag ihm, er soll hierherkommen.

WANG: Vielen Dank, Shen Te. Ich wußte, du wirst
etwas finden. *Zum Kind:* Siehst du, ein guter
Mensch weiß immer einen Ausweg. Schnell laufe ich
und hole deinen Vater. *Er will gehen.*

SHEN TE: Oh, Wang, jetzt fällt mir wieder ein: was
ist mit deiner Hand? Ich wollte doch den Eid für
dich leisten, aber mein Vetter ...

WANG: Kümmere dich nicht um die Hand. Schau, ich
habe schon gelernt, ohne meine rechte Hand auszukommen. Ich brauche sie fast nicht mehr. *Er zeigt
ihr, wie er auch ohne die rechte Hand sein Gerät
handhaben kann.* Schau, wie ich es mache.

SHEN TE: Aber sie darf nicht steif werden! Nimm den
Wagen da, verkauf alles und geh mit dem Geld zum
Arzt. Ich schäme mich, daß ich bei dir so versagt
habe. Und was mußt du denken, daß ich vom Barbier die Baracken angenommen habe!

WANG: Dort können die Obdachlosen jetzt wohnen,
du selber, das ist doch wichtiger als meine Hand.
Ich gehe jetzt den Schreiner holen. *Ab.*

SHEN TE *ruft ihm nach:* Versprich mir, daß du mit
mir zum Arzt gehen wirst!

Die Shin ist zurückgekommen und hat ihr immerfort gewinkt.

SHEN TE: Was ist es?

DIE SHIN: Sind Sie verrückt, auch noch den Wagen mit dem Letzten, was Sie haben, wegzuschenken? Was geht Sie seine Hand an? Wenn es der Barbier erfährt, jagt er Sie noch aus dem einzigen Obdach, das Sie kriegen können. Mir haben Sie die Wäsche noch nicht bezahlt!

SHEN TE: Warum sind Sie so böse?

Zum Publikum:

> Den Mitmenschen zu treten
> Ist es nicht anstrengend? Die Stirnader
> Schwillt ihnen an, vor Mühe, gierig zu sein.
> Natürlich ausgestreckt
> Gibt eine Hand und empfängt mit gleicher
> Leichtigkeit. Nur
> Gierig zupackend muß sie sich anstrengen. Ach
> Welche Verführung, zu schenken! Wie angenehm
> Ist es doch, freundlich zu sein! Ein gutes Wort
> Entschlüpft wie ein wohliger Seufzer.

Die Shin geht zornig weg.

SHEN TE *zum Kind:* Setz dich hierher und wart, bis dein Vater kommt. *Das Kind setzt sich auf den Boden.*

Auf den Hof kommt das ältliche Paar, das Shen Te am Tag der Eröffnung ihres Ladens besuchte. Mann und Frau schleppen große Ballen.

DIE FRAU: Bist du allein, Shen Te?

Da Shen Te nickt, ruft sie ihren Neffen herein, der ebenfalls einen Ballen trägt.

DIE FRAU: Wo ist dein Vetter?

SHEN TE: Er ist weggefahren.

DIE FRAU: Und kommt er wieder?

SHEN TE: Nein. Ich gebe den Laden auf.

DIE FRAU: Das wissen wir. Deshalb sind wir gekommen. Wir haben hier ein paar Ballen mit Rohtabak, den uns jemand geschuldet hat, und möchten dich bitten, sie mit deinen Habseligkeiten zusammen in dein neues Heim zu transportieren. Wir haben noch keinen Ort, wohin wir sie bringen könnten, und fallen auf der Straße zu sehr auf mit ihnen. Ich sehe nicht, wie du uns diese kleine Gefälligkeit abschlagen könntest, nachdem wir in deinem Laden so ins Unglück gebracht worden sind.

SHEN TE: Ich will euch die Gefälligkeit gern tun.

DER MANN: Und wenn du von irgend jemand gefragt werden solltest, wem die Ballen gehören, dann kannst du sagen, sie gehörten dir.

SHEN TE: Wer sollte mich denn fragen?

DIE FRAU *sie scharf anblickend:* Die Polizei zum Beispiel. Sie ist voreingenommen gegen uns und will uns ruinieren. Wohin sollen wir die Ballen stellen?

SHEN TE: Ich weiß nicht, gerade jetzt möchte ich nicht etwas tun, was mich ins Gefängnis bringen könnte.

DIE FRAU: Das sieht dir allerdings gleich. Wir sollen auch noch die paar elenden Ballen mit Tabak verlieren, die alles sind, was wir von unserem Hab und Gut gerettet haben!

Shen Te schweigt störrisch.

DER MANN: Bedenk, daß dieser Tabak für uns den Grundstock zu einer kleinen Fabrikation abgeben könnte. Da könnten wir hochkommen.

SHEN TE: Gut, ich will die Ballen für euch aufheben. Wir stellen sie vorläufig in das Gelaß.

Sie geht mit ihnen hinein. Das Kind hat ihr nachgesehen. Jetzt geht es, sich scheu umschauend, zum Mülleimer und fischt darin herum. Es fängt an, daraus zu essen. Shen Te und die drei kommen zurück.

DIE FRAU: Du verstehst wohl, daß wir uns vollständig auf dich verlassen.

SHEN TE: Ja. *Sie erblickt das Kind und erstarrt.*

DER MANN: Wir suchen dich übermorgen in den Häusern des Herrn Shu Fu auf.

SHEN TE: Geht jetzt schnell, mir ist nicht gut.

Sie schiebt sie weg. Die drei ab.

SHEN TE: Es hat Hunger. Es fischt im Kehrichteimer.

Sie hebt das Kind auf, und in einer Rede drückt sie ihr Entsetzen aus über das Los armer Kinder, dem Publikum das graue Mäulchen zeigend. Sie beteuert ihre Entschlossenheit, ihr eigenes Kind keinesfalls mit solcher Unbarmherzigkeit zu behandeln.

O Sohn, o Flieger! In welche Welt
Wirst du kommen? Im Abfalleimer
Wollen sie dich fischen lassen, auch dich? Seht doch
Dies graue Mäulchen! *Sie zeigt das Kind.* Wie
Behandelt ihr euresgleichen! Habt ihr
Keine Barmherzigkeit mit der Frucht
Eures Leibes? Kein Mitleid
Mit euch selber, ihr Unglücklichen! So werde ich

Wenigstens das meine verteidigen und müßte ich
Zum Tiger werden. Ja, von Stund an
Da ich das gesehen habe, will ich mich scheiden
Von allen und nicht ruhen
Bis ich meinen Sohn gerettet habe, wenigstens ihn!
Was ich gelernt in der Gosse, meiner Schule
Durch Faustschlag und Betrug, jetzt
Soll es dir dienen, Sohn, zu dir
Will ich gut sein und Tiger und wildes Tier
Zu allen andern, wenn's sein muß. Und
Es muß sein.

Sie geht ab, sich in den Vetter zu verwandeln.

SHEN TE *im Abgehen:* Einmal ist es noch nötig, das
letzte Mal, hoffe ich.

*Sie hat die Hose des Shui Ta mitgenommen. Die zu-
rückkehrende Shin sieht ihr neugierig nach. Herein die
Schwägerin und der Großvater.*

DIE SCHWÄGERIN: Der Laden geschlossen, der Hausrat im Hof! Das ist das Ende!
DIE SHIN: Die Folgen des Leichtsinns, der Sinnlichkeit
und der Eigenliebe! Und wohin geht die Fahrt?
Hinab! In die Baracken des Herrn Shu Fu, zu euch!
DIE SCHWÄGERIN: Da wird sie sich aber wundern!
Wir sind gekommen, um uns zu beschweren! Feuchte
Rattenlöcher mit verfaulten Böden! Der Barbier
hat sie nur gegeben, weil ihm seine Seifenvorräte
darin verschimmelt sind. „Ich habe ein Obdach für
euch, was sagt ihr dazu?" Schande! sagen wir dazu.

Herein der Arbeitslose.

DER ARBEITSLOSE: Ist es wahr, daß Shen Te wegzieht?

DIE SCHWÄGERIN: Ja. Sie wollte sich wegschleichen, man sollte es nicht erfahren.

DIE SHIN: Sie schämt sich, da sie ruiniert ist.

DER ARBEITSLOSE *aufgeregt:* Sie muß ihren Vetter rufen! Ratet ihr alle, daß sie den Vetter ruft! Er allein kann noch etwas machen.

DIE SCHWÄGERIN: Das ist wahr! Er ist geizig genug, aber jedenfalls rettet er ihr den Laden, und sie gibt ja dann.

DER ARBEITSLOSE: Ich dachte nicht an uns, ich dachte an sie. Aber es ist richtig, auch unseretwegen müßte man ihn rufen.

Herein Wang mit dem Schreiner. Er führt zwei Kinder an der Hand.

DER SCHREINER: Ich kann Ihnen wirklich nicht genug danken. *Zu den andern:* Wir sollen eine Wohnung kriegen.

DIE SHIN: Wo?

DER SCHREINER: In den Häusern des Herrn Shu Fu! Und der kleine Feng war es, der die Wendung herbeigeführt hat. Hier bist du ja! „Da ist einer, der bittet um Obdach“, soll Fräulein Shen Te gesagt haben, und sogleich verschaffte sie uns die Wohnung. Bedankt euch bei eurem Bruder, ihr!

Der Schreiner und seine Kinder verbeugen sich lustig vor dem Kind.

DER SCHREINER: Unsern Dank, Obdachbitter!

Herausgetreten ist Shui Ta.

SHUI TA: Darf ich fragen, was Sie alle hier wollen?

DER ARBEITSLOSE: Herr Shui Ta!

WANG: Guten Tag, Herr Shui Ta. Ich wußte nicht, daß Sie zurückgekehrt sind. Sie kennen den Schreiner Lin To. Fräulein Shen Te hat ihm einen Unterschlupf in den Häusern des Herrn Shu Fu zugesagt.

SHUI TA: Die Häuser des Herrn Shu Fu sind nicht frei.

DER SCHREINER: So können wir dort nicht wohnen?

SHUI TA: Nein. Diese Lokalitäten sind zu anderem bestimmt.

DIE SCHWÄGERIN: Soll das heißen, daß auch wir heraus müssen?

SHUI TA: Ich fürchte.

DIE SCHWÄGERIN: Aber wo sollen wir da alle hin?

SHUI TA *die Achsel zuckend:* Wie ich Fräulein Shen Te, die verreist ist, verstehe, hat sie nicht die Absicht, die Hand von Ihnen allen abzuziehen. Jedoch soll alles etwas vernünftiger geregelt werden in Zukunft. Die Speisungen ohne Gegendienst werden aufhören. Statt dessen wird jedermann die Gelegenheit gegeben werden, sich auf ehrliche Weise wieder emporzuarbeiten. Fräulein Shen Te hat beschlossen, Ihnen allen Arbeit zu geben. Wer von Ihnen mir jetzt in die Häuser des Herrn Shu Fu folgen will, wird nicht ins Nichts geführt werden.

DIE SCHWÄGERIN: Soll das heißen, daß wir jetzt alle für Shen Te arbeiten sollen?

SHUI TA: Ja. Sie werden Tabak verarbeiten. Im Gelaß drinnen liegen drei Ballen mit Ware. Holt sie!

DIE SCHWÄGERIN: Vergessen Sie nicht, daß wir selber

Ladenbesitzer waren. Wir ziehen vor, für uns selbst zu arbeiten. Wir haben unseren eigenen Tabak.

SHUI TA *zum Arbeitslosen und zum Schreiner:* Vielleicht wollt ihr für Shen Te arbeiten, da ihr keinen eigenen Tabak habt?

Der Schreiner und der Arbeitslose gehen mißmutig hinein. Die Hausbesitzerin kommt.

DIE HAUSBESITZERIN: Nun, Herr Shui Ta, wie steht es mit dem Verkauf. Hier habe ich 300 Silberdollar.

SHUI TA: Frau Mi Tzü, ich habe mich entschlossen, nicht zu verkaufen, sondern den Mietskontrakt zu unterzeichnen.

DIE HAUSBESITZERIN: Was? Brauchen Sie plötzlich das Geld für den Flieger nicht mehr?

SHUI TA: Nein.

DIE HAUSBESITZERIN: Und haben Sie denn die Miete?

SHUI TA *nimmt vom Wagen mit dem Hausrat den Scheck des Barbiers und füllt ihn aus:* Ich habe hier einen Scheck auf 10 000 Silberdollar, ausgestellt von Herrn Shu Fu, der sich für meine Kusine interessiert. Überzeugen Sie sich, Frau Mi Tzü! Ihre 200 Silberdollar für die Miete des nächsten Halbjahres werden Sie noch vor sechs Uhr abends in Händen haben. Und nun, Frau Mi Tzü, erlauben Sie mir, daß ich mit meiner Arbeit fortfahre. Ich bin heute sehr beschäftigt und muß um Entschuldigung bitten.

DIE HAUSBESITZERIN: Ach, Herr Shu Fu tritt in die Fußtapfen des Fliegers! 10 000 Silberdollar! Immerhin, ich bin erstaunt über die Wankelmütigkeit und Oberflächlichkeit der jungen Mädchen von heutzutage, Herr Shui Ta. *Ab.*

Der Schreiner und der Arbeitslose bringen die Ballen.

DER SCHREINER: Ich weiß nicht, warum ich Ihnen Ihre
Ballen schleppen muß.

SHUI TA: Es genügt, daß ich es weiß. Ihr Sohn hier
zeigt einen gesunden Appetit. Er will essen, Herr
Lin To.

DIE SCHWÄGERIN *sieht die Ballen:* Ist mein Schwager
hier gewesen?

DIE SHIN: Ja.

DIE SCHWÄGERIN: Eben. Ich kenne doch die Ballen.
Das ist unser Tabak!

SHUI TA: Besser, Sie sagen das nicht so laut. Das ist
mein Tabak, was Sie daraus ersehen können, daß er
in meinem Gelaß stand. Wenn Sie einen Zweifel
haben, können wir aber zur Polizei gehen und Ihren
Zweifel beseitigen. Wollen Sie das?

DIE SCHWÄGERIN *böse:* Nein.

SHUI TA: Es scheint, daß Sie doch keinen eigenen
Tabak besitzen. Vielleicht ergreifen Sie unter diesen
Umständen die rettende Hand, die Fräulein Shen
Te Ihnen reicht? Haben Sie die Güte, mir jetzt den
Weg zu den Häusern des Herrn Shu Fu zu zeigen.

Das jüngste Kind des Schreiners an die Hand neh-
mend, geht Shui Ta ab, gefolgt von dem Schreiner,
seinen anderen Kindern, der Schwägerin, dem Groß-
vater, dem Arbeitslosen. Schwägerin, Schreiner und
Arbeitsloser schleppen die Ballen.

WANG: Er ist kein böser Mensch, aber Shen Te ist gut.

DIE SHIN: Ich weiß nicht. Von der Wäscheleine fehlt
eine Hose, und der Vetter trägt sie. Das muß etwas
bedeuten. Ich möchte wissen, was.

Herein die beiden Alten.

DIE ALTE: Ist Fräulein Shen Te nicht hier?

DIE SHIN *abweisend:* Verreist.

DIE ALTE: Das ist merkwürdig. Sie wollte uns etwas bringen.

WANG *schmerzlich seine Hand betrachtend:* Sie wollte auch mir helfen. Meine Hand wird steif. Sicher kommt sie bald zurück. Der Vetter ist ja immer nur ganz kurz da.

DIE SHIN: Ja, nicht wahr?

ZWISCHENSPIEL

Wangs Nachtlager

Musik. Im Traum teilt der Wasserverkäufer den Göttern seine Befürchtungen mit. Die Götter sind immer noch auf ihrer langen Wanderung begriffen. Sie scheinen müde. Für eine kleine Weile innehaltend, wenden sie die Köpfe über die Schultern nach dem Wasserverkäufer zurück.

WANG: Bevor mich euer Erscheinen erweckte, Erleuchtete, träumte ich und sah meine liebe Schwester Shen Te in großer Bedrängnis im Schilf des Flusses, an der Stelle, wo die Selbstmörder gefunden werden. Sie schwankte merkwürdig daher und hielt den Nacken gebeugt, als schleppe sie an etwas Weichem, aber Schwerem, das sie hinunterdrückte in den Schlamm. Auf meinen Anruf rief sie mir zu, sie müsse den Ballen der Vorschriften ans andere Ufer bringen, ohne daß er naß würde, da sonst die Schriftzeichen verwischten. Ausdrücklich: ich sah nichts auf ihren Schultern. Aber ich erinnerte mich erschrocken, daß ihr Götter ihr über die großen Tugenden gesprochen habt, zum Dank dafür, daß sie euch bei sich aufnahm, als ihr um ein Nachtlager verlegen wart, o Schande! Ich bin sicher, ihr versteht meine Sorge um sie.

DER DRITTE GOTT: Was schlägst du vor?

WANG: Eine kleine Herabminderung der Vorschriften, Erleuchtete. Eine kleine Erleichterung des Ballens der Vorschriften, Gütige, in Anbetracht der schlechten Zeiten.

DER DRITTE GOTT: Als da wäre, Wang, als da wäre?

WANG: Als da zum Beispiel wäre, daß nur Wohlwollen verlangt würde anstatt Liebe oder ...

DER DRITTE GOTT: Aber das ist doch noch schwerer, du Unglücklicher!

WANG: Oder Billigkeit anstatt Gerechtigkeit.

DER DRITTE GOTT: Aber das bedeutet mehr Arbeit!

WANG: Dann bloße Schicklichkeit anstatt Ehre!

DER DRITTE GOTT: Aber das ist doch mehr, du Zweifelnder!

Sie wandern müde weiter.

8

Shui Ta's Tabakfabrik

*In den Baracken des Herrn Shu Fu hat Shui Ta eine
kleine Tabakfabrik eingerichtet. Hinter Gittern hok-
ken, entsetzlich zusammengepfercht, einige Familien,
besonders Frauen und Kinder, darunter die Schwägerin, der Großvater, der Schreiner und seine Kinder.
Davor tritt Frau Yang auf, gefolgt von ihrem Sohn
Sun.*

FRAU YANG *zum Publikum:* Ich muß Ihnen berichten,
wie mein Sohn Sun durch die Weisheit und Strenge
des allgemein geachteten Herrn Shui Ta aus einem
verkommenen Menschen in einen nützlichen verwandelt wurde. Wie das ganze Viertel erfuhr, eröff-
nete Herr Shui Ta in der Nähe des Viehhofs eine
kleine, aber schnell aufblühende Tabakfabrik. Vor
drei Monaten sah ich mich veranlaßt, ihn mit meinem Sohn dort aufzusuchen. Er empfing mich nach
kurzer Wartezeit.

Aus der Fabrik tritt Shui Ta auf Frau Yang zu.

SHUI TA: Womit kann ich Ihnen dienen, Frau Yang?
FRAU YANG: Herr Shui Ta, ich möchte ein Wort für
meinen Sohn bei Ihnen einlegen. Die Polizei war
heute morgen bei uns, und man hat uns gesagt, daß
Sie im Namen von Fräulein Shen Te Anklage wegen Bruch des Heiratsversprechens und Erschleichung von 200 Silberdollar erhoben haben.
SHUI TA: Ganz richtig, Frau Yang.
FRAU YANG: Herr Shui Ta, um der Götter willen,

können Sie nicht noch einmal Gnade vor Recht ergehen lassen? Das Geld ist weg. In zwei Tagen hat er es durchgebracht, als der Plan mit der Fliegerstelle scheiterte. Ich weiß, er ist ein Lump. Er hat auch meine Möbel schon verkauft gehabt und wollte ohne seine alte Mama nach Peking. *Sie weint.* Fräulein Shen Te hielt einmal große Stücke auf ihn.

SHUI TA: Was haben Sie mir zu sagen, Herr Yang Sun?

SUN *finster:* Ich habe das Geld nicht mehr.

SHUI TA: Frau Yang, der Schwäche wegen, die meine Kusine aus irgendwelchen, mir unbegreiflichen Gründen für Ihren verkommenen Sohn hatte, bin ich bereit, es noch einmal mit ihm zu versuchen. Sie hat mir gesagt, daß sie sich von ehrlicher Arbeit eine Besserung erwartet. Er kann eine Stelle in meiner Fabrik haben. Nach und nach werden ihm die 200 Silberdollar vom Lohn abgezogen werden.

SUN: Also Kittchen oder Fabrik?

SHUI TA: Sie haben die Wahl.

SUN: Und mit Shen Te kann ich wohl nicht mehr sprechen?

SHUI TA: Nein.

SUN: Wo ist mein Arbeitsplatz?

FRAU YANG: Tausend Dank, Herr Shui Ta! Sie sind unendlich gütig, die Götter werden es Ihnen vergelten. *Zu Sun:* Du bist vom rechten Wege abgewichen. Versuch nun, durch ehrliche Arbeit wieder so weit zu kommen, daß du deiner Mutter in die Augen schauen kannst.

Sun folgt Shui Ta in die Fabrik. Frau Yang kehrt an die Rampe zurück.

FRAU YANG *zum Publikum:* Die ersten Wochen waren
hart für Sun. Die Arbeit sagte ihm nicht zu. Er hatte
wenig Gelegenheit, sich auszuzeichnen. Erst in der
dritten Woche kam ihm ein kleiner Vorfall zu Hilfe.
Er und der frühere Schreiner Lin To mußten Tabakballen schleppen.

*Sun und der frühere Schreiner Lin To schleppen je zwei
Tabakballen.*

DER FRÜHERE SCHREINER *hält ächzend inne und läßt
sich auf einen Ballen nieder:* Ich kann kaum mehr.
Ich bin nicht mehr jung genug für diese Arbeit.
SUN *setzt sich ebenfalls:* Warum schmeißt du ihnen
die Ballen nicht einfach hin?
DER FRÜHERE SCHREINER: Und wovon sollen wir
leben? Ich muß doch sogar, um das Notwendigste
zu haben, die Kinder einspannen. Wenn das Fräulein Shen Te sähe! Sie war gut.
SUN: Sie war nicht die Schlechteste. Wenn die Verhältnisse nicht so elend gewesen wären, hätten wir es
ganz gut miteinander getroffen. Ich möchte wissen,
wo sie ist. Besser, wir machen weiter. Um diese Zeit
pflegt er zu kommen. *Sie stehen auf.*
SUN *sieht Shui Ta kommen:* Gib den einen Ballen her,
du Krüppel! *Sun nimmt auch noch den einen Ballen
Lin To's auf.*
DER FRÜHERE SCHREINER: Vielen Dank! Ja, wenn s i e
da wäre, würdest du gleich einen Stein im Brett
haben, wenn sie sähe, daß du einem alten Mann so
zur Hand gehst. Ach ja!

Herein Shui Ta.

Frau Yang *zum Publikum:* Und mit einem Blick sieht natürlich Herr Shui Ta, was ein guter Arbeiter ist, der keine Arbeit scheut. Und er greift ein.

Shui Ta: Halt, ihr! Was ist da los? Warum trägst du nur einen einzigen Ballen?

Der frühere Schreiner: Ich bin ein wenig müde heute, Herr Shui Ta, und Yang Sun war so freundlich ...

Shui Ta: Du kehrst um und nimmst drei Ballen, Freund. Was Yang Sun kann, kannst du auch. Yang Sun hat guten Willen und du hast keinen.

Frau Yang *während der frühere Schreiner zwei weitere Ballen holt, zum Publikum:* Kein Wort natürlich zu Sun, aber Herr Shui Ta war im Bilde. Und am nächsten Samstag bei der Lohnauszahlung ...

Ein Tisch wird aufgestellt, und Shui Ta kommt mit einem Säckchen Geld. Neben dem Aufseher – dem früheren Arbeitslosen – stehend, zahlt er den Lohn aus. Sun tritt vor den Tisch.

Der Aufseher: Yang Sun – 6 Silberdollar.

Sun: Entschuldigen Sie, es können nur 5 sein. Nur 5 Silberdollar. *Er nimmt die Liste, die der Aufseher hält.* Sehen Sie bitte, hier stehen fälschlicherweise sechs Arbeitstage, ich war aber einen Tag abwesend, eines Gerichtstermins wegen. *Heuchlerisch:* Ich will nichts bekommen, was ich nicht verdiene, und wenn der Lohn noch so lumpig ist!

Der Aufseher: Also 5 Silberdollar! *Zu Shui Ta:* Ein seltener Fall, Herr Shui Ta!

Shui Ta: Wie können hier sechs Tage stehen, wenn es nur fünf waren?

DER AUFSEHER: Ich muß mich tatsächlich geirrt haben, Herr Shui Ta. *Zu Sun, kalt:* Es wird nicht mehr vorkommen.

SHUI TA *winkt Sun zur Seite:* Ich habe neulich beobachtet, daß Sie ein kräftiger Mensch sind und Ihre Kraft auch der Firma nicht vorenthalten. Heute sehe ich, daß Sie sogar ein ehrlicher Mensch sind. Passiert das öfter, daß der Aufseher sich zuungunsten der Firma irrt?

SUN: Er hat Bekannte unter den Arbeitern und wird als einer der ihren angesehen.

SHUI TA: Ich verstehe. Ein Dienst ist des andern wert. Wollen Sie eine Gratifikation?

SUN: Nein. Aber vielleicht darf ich darauf hinweisen, daß ich auch ein intelligenter Mensch bin. Ich habe eine gewisse Bildung genossen, wissen Sie. Der Aufseher meint es sehr gut mit der Belegschaft, aber er kann, ungebildet wie er ist, nicht verstehen, was die Firma benötigt. Geben Sie mir eine Probezeit von einer Woche, Herr Shui Ta, und ich glaube, Ihnen beweisen zu können, daß meine Intelligenz für die Firma mehr wert ist als meine pure Muskelkraft.

FRAU YANG *zum Publikum:* Das waren kühne Worte, aber an diesem Abend sagte ich zu meinem Sun: „Du bist ein Flieger. Zeig, daß du auch, wo du jetzt bist, in die Höhe kommen kannst! Flieg, mein Falke!" Und tatsächlich, was bringen doch Bildung und Intelligenz für große Dinge hervor! Wie will einer ohne sie zu den besseren Leuten gehören? Wahre Wunderwerke verrichtete mein Sohn in der Fabrik des Herrn Shui Ta!

Sun steht breitbeinig hinter den Arbeitenden. Sie reichen sich über die Köpfe einen Korb Rohtabak zu.

SUN: Das ist keine ehrliche Arbeit, ihr! Dieser Korb muß fixer wandern! *Zu einem Kind:* Du kannst dich doch auf den Boden setzen, da nimmst du keinen Platz weg! Und du kannst noch ganz gut auch das Pressen übernehmen, ja, du dort! Ihr faulen Hunde, wofür bezahlen wir euch Lohn? Fixer mit dem Korb! Zum Teufel! Setzt den Großpapa auf die Seite und laßt ihn mit den Kindern nur zupfen! Jetzt hat es sich ausgefaulenzt hier! Im Takt das Ganze! *Er klatscht mit den Händen den Takt, und der Korb wandert schneller.*

FRAU YANG *zum Publikum:* Und keine Anfeindung, keine Schmähung von seiten ungebildeter Menschen, denn das blieb nicht aus, hielten meinen Sohn von der Erfüllung seiner Pflicht zurück.

Einer der Arbeiter stimmt das Lied vom achten Elefanten an. Die andern fallen in den Refrain ein.

LIED VOM ACHTEN ELEFANTEN

1

Sieben Elefanten hatte Herr Dschin
Und da war dann noch der achte.
Sieben waren wild und der achte war zahm
Und der achte war's, der sie bewachte.
  Trabt schneller!
  Herr Dschin hat einen Wald
  Der muß vor Nacht gerodet sein
  Und Nacht ist jetzt schon bald!

2

Sieben Elefanten roden den Wald
Und Herr Dschin ritt hoch auf dem achten.
All den Tag Nummer acht stand faul auf der Wacht
Und sah zu, was sie hinter sich brachten.
   Grabt schneller!
   Herr Dschin hat einen Wald
   Der muß vor Nacht gerodet sein
   Und Nacht ist jetzt schon bald!

3

Sieben Elefanten wollten nicht mehr
Hatten satt das Bäumeabschlachten.
Herr Dschin war nervös, auf die sieben war er bös
Und gab ein Schaff Reis dem achten.
   Was soll das?
   Herr Dschin hat einen Wald
   Der muß vor Nacht gerodet sein
   Und Nacht ist jetzt schon bald!

4

Sieben Elefanten hatten keinen Zahn
Seinen Zahn hatte nur noch der achte.
Und Nummer acht war vorhanden, schlug die
                                      sieben zuschanden
Und Herr Dschin stand dahinten und lachte.
   Grabt weiter!
   Herr Dschin hat einen Wald
   Der muß vor Nacht gerodet sein
   Und Nacht ist jetzt schon bald!

Shui Ta ist gemächlich schlendernd und eine Zigarre

rauchend nach vorn gekommen. Yang Sun hat den Refrain der dritten Strophe lachend mitgesungen und in der letzten Strophe durch Händeklatschen das Tempo beschleunigt.

FRAU YANG *zum Publikum:* Wir können Herrn Shui Ta wirklich nicht genug danken. Beinahe ohne jedes Zutun, aber mit Strenge und Weisheit hat er alles Gute herausgeholt, was in Sun steckte. Er hat ihm nicht allerhand phantastische Versprechungen gemacht wie seine so sehr gepriesene Kusine, sondern ihn zu ehrlicher Arbeit gezwungen. Heute ist Sun ein ganz anderer Mensch als vor drei Monaten. Das werden Sie wohl zugeben! „Das Edle ist wie eine Glocke, schlägt man sie, so tönt sie, schlägt man sie nicht, so tönt sie nicht", wie die Alten sagten.

9

Shen Te's Tabakladen

Der Laden ist zu einem Kontor mit Klubsesseln und
schönen Teppichen geworden. Es regnet. Shui Ta, nun-
mehr dick, verabschiedet das Teppichhändlerpaar. Die
Shin schaut amüsiert zu. Sie ist auffallend neu ge-
kleidet.

SHUI TA: Es tut mir leid, daß ich nicht sagen kann,
    wann sie zurückkehrt.
DIE ALTE: Wir haben heute einen Brief mit den 200
    Silberdollar bekommen, die wir ihr einmal geliehen
    haben. Es war kein Absender genannt. Aber der
    Brief muß doch wohl von Shen Te kommen. Wir
    möchten ihr gern schreiben, wie ist ihre Adresse?
SHUI TA: Auch das weiß ich leider nicht.
DER ALTE: Gehen wir.
DIE ALTE: Irgendwann muß sie ja wohl zurückkehren.

Shui Ta verbeugt sich. Die beiden Alten gehen unsicher
und unruhig ab.

DIE SHIN: Sie haben ihr Geld zu spät zurückgekriegt.
    Jetzt haben sie ihren Laden verloren, weil sie ihre
    Steuern nicht bezahlen konnten.
SHUI TA: Warum sind sie nicht zu mir gekommen?
DIE SHIN: Zu Ihnen kommt man nicht gern. Zuerst
    warteten sie wohl, daß Shen Te zurückkäme, da sie
    nichts Schriftliches hatten. In den kritischen Tagen
    fiel der Alte in ein Fieber, und die Frau saß Tag und
    Nacht bei ihm.

SHUI TA *muß sich setzen, da es ihm schlecht wird:* Mir
    schwindelt wieder!

DIE SHIN *bemüht sich um ihn:* Sie sind im siebenten
    Monat! Die Aufregungen sind nichts für Sie. Seien
    Sie froh, daß Sie mich haben. Ohne jede menschliche
    Hilfe kann niemand auskommen. Nun, ich werde
    in Ihrer schweren Stunde an Ihrer Seite stehen. *Sie*
    lacht.

SHUI TA *schwach:* Kann ich darauf zählen, Frau Shin?

DIE SHIN: Und ob! Es kostet freilich eine Kleinigkeit.
    Machen Sie den Kragen auf, da wird Ihnen leichter.

SHUI TA *jämmerlich:* Es ist alles nur für das Kind,
    Frau Shin.

DIE SHIN: Alles für das Kind.

SHUI TA: Ich werde nur zu schnell dick. Das muß
    auffallen.

DIE SHIN: Man schiebt es auf den Wohlstand.

SHUI TA: Und was soll mit dem Kleinen werden?

DIE SHIN: Das fragen Sie jeden Tag dreimal. Es wird
    in Pflege kommen. In die beste, die für Geld zu
    haben ist.

SHUI TA: Ja. *Angstvoll:* Und es darf niemals Shui Ta
    sehen.

DIE SHIN: Niemals. Immer nur Shen Te.

SHUI TA: Aber die Gerüchte im Viertel! Der Wasser-
    verkäufer mit seinen Redereien! Man belauert den
    Laden!

DIE SHIN: Solang der Barbier nichts weiß, ist nichts
    verloren. Trinken Sie einen Schluck Wasser.

Herein Sun in dem flotten Anzug und mit der Mappe
eines Geschäftsmannes. Er sieht erstaunt Shui Ta in
den Armen der Shin.

Sun: Ich störe wohl?

Shui Ta *steht mühsam auf und geht schwankend zur Tür:* Auf morgen, Frau Shin!

Die Shin, ihre Handschuhe anziehend, lächelnd ab.

Sun: Handschuhe! Woher, wieso, wofür? Schröpft die Sie etwa? *Da Shui Ta nicht antwortet:* Sollten auch Sie zarteren Gefühlen zugänglich sein? Komisch. *Er nimmt ein Blatt aus seiner Mappe.* Jedenfalls sind Sie nicht auf der Höhe in der letzten Zeit, nicht auf Ihrer alten Höhe. Launen, Unentschlossenheit. Sind Sie krank? Das Geschäft leidet darunter. Da ist wieder ein Schrieb von der Polizei. Sie wollen die Fabrik schließen. Sie sagen, sie können allerhöchstens doppelt so viele Menschen pro Raum zulassen, als gesetzlich erlaubt ist. Sie müssen da endlich etwas tun, Herr Shui Ta!

Shui Ta sieht ihn einen Augenblick geistesabwesend an. Dann geht er ins Gelaß und kehrt mit einer Tüte zurück. Aus ihr zieht er einen neuen Melonenhut und wirft ihn auf den Schreibtisch.

Shui Ta: Die Firma wünscht ihre Vertreter anständig gekleidet.

Sun: Haben Sie den etwa für mich gekauft?

Shui Ta *gleichgültig:* Probieren Sie ihn, ob er Ihnen paßt.

Sun blickt erstaunt und setzt ihn auf. Shui Ta rückt die Melone prüfend zurecht.

Sun: Ihr Diener, aber weichen Sie mir nicht wieder

aus. Sie müssen heute mit dem Barbier das neue Projekt besprechen.

SHUI TA: Der Barbier stellt unerfüllbare Bedingungen.

SUN: Wenn Sie mir nur endlich sagen wollten, was für Bedingungen.

SHUI TA *ausweichend:* Die Baracken sind gut genug.

SUN: Ja, gut genug für das Gesindel, das darin arbeitet, aber nicht gut genug für den Tabak. Er wird feucht. Ich werde noch vor der Sitzung mit der Mi Tzü über ihre Lokalitäten reden. Wenn wir die haben, können wir unsere Bittfürmichs, Wracks und Stümpfe an die Luft setzen. Sie sind nicht gut genug. Ich tätschele der Mi Tzü bei einer Tasse Tee die dicken Knie, und die Lokalitäten kosten uns die Hälfte.

SHUI TA *scharf:* Das wird nicht geschehen. Ich wünsche, daß Sie sich im Interesse des Ansehens der Firma stets persönlich zurückhaltend und kühl geschäftsmäßig benehmen.

SUN: Warum sind Sie so gereizt? Sind es die unangenehmen Gerüchte im Viertel?

SHUI TA: Ich kümmere mich nicht um Gerüchte.

SUN: Dann muß es wieder der Regen sein. Regen macht Sie immer so reizbar und melancholisch. Ich möchte wissen, warum.

WANGS STIMME *von draußen:*

   Ich hab Wasser zu verkaufen
   Und nun steh ich hier im Regen
   Und ich bin weither gelaufen
   Meines bißchen Wassers wegen.
   Und jetzt schrei ich mein: Kauft Wasser!

Und niemand kauft es
Verschmachtend und gierig
Und zahlt es und sauft es.

SUN: Da ist dieser verdammte Wasserverkäufer. Gleich
wird er wieder mit seinem Gehetze anfangen.

WANGS STIMME *von draußen:* Gibt es denn keinen
guten Menschen mehr in dieser Stadt? Nicht einmal
hier am Platz, wo die gute Shen Te lebte? Wo ist
sie, die mir auch bei Regen ein Becherchen abkaufte,
vor vielen Monaten, in der Freude ihres Herzens?
Wo ist sie jetzt? Hat sie keiner gesehen? Hat keiner
von ihr gehört? In dieses Haus ist sie eines Abends
gegangen und kam nie mehr heraus!

SUN: Soll ich ihm nicht endlich das Maul stopfen?
Was geht es ihn an, wo sie ist! Ich glaube übrigens,
Sie sagen es nur deshalb nicht, damit ich es nicht
erfahre.

WANG *herein:* Herr Shui Ta, ich frage Sie wieder,
wann Shen Te zurückkehren wird. Sechs Monate
sind jetzt vergangen, seit sie sich auf Reisen be-
geben hat. *Da Shui Ta schweigt:* Vieles ist inzwischen hier geschehen, was in ihrer Anwesenheit nie
geschehen wäre. *Da Shui Ta immer noch schweigt:*
Herr Shui Ta, im Viertel sind Gerüchte verbreitet,
daß Shen Te etwas zugestoßen sein muß. Wir, ihre
Freunde, sind sehr beunruhigt. Haben Sie doch die
Freundlichkeit, uns jetzt Bescheid über ihre Adresse
zu geben.

SHUI TA: Leider habe ich im Augenblick keine Zeit,
Herr Wang. Kommen Sie in der nächsten Woche
wieder.

WANG *aufgeregt:* Es ist auch aufgefallen, daß der Reis, den die Bedürftigen hier immer erhielten, seit einiger Zeit morgens wieder vor der Tür steht.

SHUI TA: Was schließt man daraus?

WANG: Daß Shen Te überhaupt nicht verreist ist.

SHUI TA: Sondern? *Da Wang schweigt:* Dann werde ich Ihnen meine Antwort erteilen. Sie ist endgültig. Wenn Sie Shen Te's Freund sind, Herr Wang, dann fragen Sie möglichst wenig nach ihrem Verbleiben. Das ist mein Rat.

WANG: Ein schöner Rat! Herr Shui Ta, Shen Te teilte mir vor ihrem Verschwinden mit, daß sie schwanger sei!

SUN: Was?

SHUI TA *schnell:* Lüge!

WANG *mit großem Ernst zu Shui Ta:* Herr Shui Ta, Sie müssen nicht glauben, daß Shen Te's Freunde je aufhören werden, nach ihr zu fragen. Ein guter Mensch wird nicht leicht vergessen. Es gibt nicht viele. *Ab.*

Shui Ta sieht ihm erstarrt nach. Dann geht er schnell in das Gelaß.

SUN *zum Publikum, wie verwandelt:* Shen Te schwanger! Ich bin außer mir! Ich bin hereingelegt worden! Sie muß es sofort ihrem Vetter gesagt haben, und dieser Schuft hat sie selbstverständlich gleich weggeschafft. „Pack deinen Koffer und verschwind, bevor der Vater des Kindes davon Wind bekommt!" Es ist ganz und gar unnatürlich. Unmenschlich ist es. Ich habe einen Sohn. Ein Yang erscheint auf der Bildfläche! Und was geschieht? Das Mädchen verschwindet, und mich läßt man hier schuften! *Er gerät in Wut.* Mit einem Hut speist man mich ab! *Er zertrampelt ihn mit den Füßen.* Verbrecher! Räuber! Kindesentführer! Und das Mädchen ist praktisch ohne Beschützer! *Man hört aus dem Gelaß ein Schluchzen. Er steht still.* War das nicht ein Schluchzen? Wer ist das? Es hat aufgehört. Was ist das für ein Schluchzen im Gelaß? Dieser ausgekochte Hund Shui Ta schluchzt doch nicht! Wer schluchzt also? Und was bedeutet es, daß der Reis immer noch morgens vor der Tür stehen soll? Ist das Mädchen doch da? Versteckt er sie nur? Wer sonst soll da drin schluchzen? Das wäre ja ein gefundenes Fressen! Ich muß sie unbedingt auftreiben, wenn sie schwanger ist!

Shui Ta kehrt aus dem Gelaß zurück. Er geht an die Tür und blickt hinaus in den Regen.

Sun: Also wo ist sie?

Shui Ta *hebt die Hand und lauscht:* Einen Augenblick! Es ist neun Uhr. Aber man hört nichts heute. Der Regen ist zu stark.

Sun *ironisch:* Was wollen Sie denn hören?

Shui Ta: Das Postflugzeug.

Sun: Machen Sie keine Witze.

Shui Ta: Ich habe mir einmal sagen lassen, Sie wollten fliegen? Haben Sie dieses Interesse verloren?

Sun: Ich beklage mich nicht über meine jetzige Stellung, wenn Sie das meinen. Ich habe keine Vorliebe für Nachtdienst, wissen Sie. Postfliegen ist Nachtdienst. Die Firma ist mir sozusagen ans Herz gewachsen. Es ist immerhin die Firma meiner einstigen

Zukünftigen, wenn sie auch verreist ist. Sie ist doch verreist?

SHUI TA: Warum fragen Sie das?

SUN: Vielleicht, weil mich ihre Angelegenheiten immer noch nicht ganz kalt lassen.

SHUI TA: Das könnte meine Kusine interessieren.

SUN: Ihre Angelegenheiten beschäftigen mich jedenfalls genug, daß ich nicht meine Augen zudrückte, wenn sie zum Beispiel ihrer Bewegungsfreiheit beraubt würde.

SHUI TA: Durch wen?

SUN: Durch Sie!

Pause.

SHUI TA: Was würden Sie in einem solchen Falle tun?

SUN: Ich würde vielleicht zunächst meine Stellung in der Firma neu diskutieren.

SHUI TA: Ach so. Und wenn die Firma, das heißt ich Ihnen eine entsprechende Stellung einräumte, könnte sie damit rechnen, daß Sie jede weitere Nachforschung nach Ihrer früheren Zukünftigen aufgäben?

SUN: Vielleicht.

SHUI TA: Und wie denken Sie sich Ihre neue Stellung in der Firma?

SUN: Dominierend. Ich denke zum Beispiel an Ihren Hinauswurf.

SHUI TA: Und wenn die Firma statt mich Sie hinauswürfe?

SUN: Dann würde ich wahrscheinlich zurückkehren, aber nicht allein.

SHUI TA: Sondern?

SUN: Mit der Polizei.

SHUI TA: Mit der Polizei. Angenommen, die Polizei fände niemand hier?

SUN: So würde sie vermutlich in diesem Gelaß nachschauen! Herr Shui Ta, meine Sehnsucht nach der Dame meines Herzens wird unstillbar. Ich fühle, daß ich etwas tun muß, sie wieder in meine Arme schließen zu können. *Ruhig:* Sie ist schwanger und braucht einen Menschen um sich. Ich muß mich mit dem Wasserverkäufer darüber besprechen. *Er geht.*

Shui Ta sieht ihm unbeweglich nach. Dann geht er schnell in das Gelaß zurück. Er bringt allerlei Gebrauchsgegenstände Shen Te's, Wäsche, Kleider, Toiletteartikel. Lange betrachtet er den Shawl, den Shen Te von dem Teppichhändlerpaar kaufte. Dann packt er alles zu einem Bündel zusammen und versteckt es unter dem Tisch, da er Geräusche hört. Herein die Hausbesitzerin und Herr Shu Fu. Sie begrüßen Shui Ta und entledigen sich ihrer Schirme und Galoschen.

DIE HAUSBESITZERIN: Es wird Herbst, Herr Shui Ta.

HERR SHU FU: Eine melancholische Jahreszeit!

DIE HAUSBESITZERIN: Und wo ist Ihr charmanter Prokurist? Ein schrecklicher Damenkiller! Aber Sie kennen ihn wohl nicht von dieser Seite. Immerhin, er versteht es, diesen seinen Charme auch mit seinen geschäftlichen Pflichten zu vereinen, so daß Sie nur den Vorteil davon haben dürften.

SHUI TA *verbeugt sich:* Nehmen Sie bitte Platz!

Man setzt sich und beginnt zu rauchen.

SHUI TA: Meine Freunde, ein unvorhergesehener Vorfall, der gewisse Folgen haben kann, zwingt mich, die Verhandlungen, die ich letzthin über die Zukunft meines Unternehmens führte, sehr zu beschleunigen. Herr Shu Fu, meine Fabrik ist in Schwierigkeiten.

HERR SHU FU: Das ist sie immer.

SHUI TA: Aber nun droht die Polizei offen, sie zu schließen, wenn ich nicht auf Verhandlungen über ein neues Objekt hinweisen kann. Herr Shu Fu, es handelt sich um den einzigen Besitz meiner Kusine, für die Sie immer ein so großes Interesse gezeigt haben.

HERR SHU FU: Herr Shui Ta, ich fühle eine tiefe Unlust, Ihre sich ständig vergrößernden Projekte zu besprechen. Ich rede von einem kleinen Abendessen mit Ihrer Kusine, Sie deuten finanzielle Schwierigkeiten an. Ich stelle Ihrer Kusine Häuser für Obdachlose zur Verfügung, Sie etablieren darin eine Fabrik. Ich überreiche ihr einen Scheck, Sie präsentieren ihn. Ihre Kusine verschwindet. Sie wünschen 100 000 Silberdollar mit der Bemerkung, meine Häuser seien zu klein. Herr, wo ist Ihre Kusine?

SHUI TA: Herr Shu Fu, beruhigen Sie sich. Ich kann Ihnen heute die Mitteilung machen, daß sie sehr bald zurückkehren wird.

HERR SHU FU: Bald? Wann? „Bald" höre ich von Ihnen seit Wochen.

SHUI TA: Ich habe von Ihnen nicht neue Unterschriften verlangt. Ich habe Sie lediglich gefragt, ob Sie meinem Projekt nähertreten würden, wenn meine Kusine zurückkäme.

HERR SHU FU: Ich habe Ihnen tausendmal gesagt, daß

ich mit Ihnen nichts mehr, mit Ihrer Kusine dagegen alles zu besprechen bereit bin. Sie scheinen aber einer solchen Besprechung Hindernisse in den Weg legen zu wollen.

SHUI TA: Nicht mehr.

HERR SHU FU: Wann also wird sie stattfinden?

SHUI TA *unsicher:* In drei Monaten.

HERR SHU FU *ärgerlich:* Dann werde ich in drei Monaten meine Unterschrift geben.

SHUI TA: Aber es muß alles vorbereitet werden.

HERR SHU FU: Sie können alles vorbereiten, Shui Ta, wenn Sie überzeugt sind, daß Ihre Kusine dieses Mal tatsächlich kommt.

SHUI TA: Frau Mi Tzü, sind Sie ihrerseits bereit, der Polizei zu bestätigen, daß ich Ihre Fabrikräume haben kann?

DIE HAUSBESITZERIN: Gewiß, wenn Sie mir Ihren Prokuristen überlassen. Sie wissen seit Wochen, daß das meine Bedingung ist. *Zu Herrn Shu Fu:* Der junge Mann ist geschäftlich so tüchtig, und ich brauche einen Verwalter.

SHUI TA: Sie müssen doch verstehen, daß ich gerade jetzt Herrn Yang Sun nicht entbehren kann, bei all den Schwierigkeiten und bei meiner in letzter Zeit so schwankenden Gesundheit! Ich war ja von Anfang an bereit, ihn Ihnen abzutreten, aber . . .

DIE HAUSBESITZERIN: Ja, aber!

Pause.

SHUI TA: Schön, er wird morgen in Ihrem Kontor vorsprechen.

HERR SHU FU: Ich begrüße es, daß Sie sich diesen Entschluß abringen konnten, Shui Ta. Sollte Fräulein Shen Te wirklich zurückkehren, wäre die Anwesenheit des jungen Mannes hier höchst ungeziemend. Er hat, wie wir wissen, seinerzeit einen ganz unheilvollen Einfluß auf sie ausgeübt.

SHUI TA *sich verbeugend:* Zweifellos. Entschuldigen Sie in den beiden Fragen, meine Kusine Shen Te und Herrn Yang Sun betreffend, mein langes Zögern, so unwürdig eines Geschäftsmannes. Diese Menschen standen einander einmal nahe.

DIE HAUSBESITZERIN: Sie sind entschuldigt.

SHUI TA *nach der Tür schauend:* Meine Freunde, lassen Sie uns nunmehr zu einem Abschluß kommen. In diesem einstmals kleinen und schäbigen Laden, wo die armen Leute des Viertels den Tabak der guten Shen Te kauften, beschließen wir, ihre Freunde, nun die Etablierung von zwölf schönen Läden, in denen in Zukunft der gute Tabak der Shen Te verkauft werden soll. Wie man mir sagt, nennt das Volk mich heute den Tabakkönig von Sezuan. In Wirklichkeit habe ich dieses Unternehmen aber einzig und allein im Interesse meiner Kusine geführt. Ihr und ihren Kindern und Kindeskindern wird es gehören.

Von draußen kommen die Geräusche einer Volksmenge. Herein Sun, Wang und der Polizist.

DER POLIZIST: Herr Shui Ta, zu meinem Bedauern zwingt mich die aufgeregte Stimmung des Viertels, einer Anzeige aus Ihrer eigenen Firma nachzugehen, nach der Sie Ihre Kusine, Fräulein Shen Te, ihrer Freiheit berauben sollen.

SHUI TA: Das ist nicht wahr.

DER POLIZIST: Herr Yang Sun hier bezeugt, daß er aus dem Gelaß hinter Ihrem Kontor ein Schluchzen gehört hat, das nur von einer Frauensperson herstammen konnte.

DIE HAUSBESITZERIN: Das ist lächerlich. Ich und Herr Shu Fu, zwei angesehene Bürger dieser Stadt, deren Aussagen die Polizei kaum in Zweifel ziehen kann, bezeugen, daß hier nicht geschluchzt wurde. Wir rauchen in Ruhe unsere Zigarren.

DER POLIZIST: Ich habe leider den Auftrag, das fragliche Gelaß zu inspizieren.

Shui Ta öffnet die Tür. Der Polizist tritt mit einer Verbeugung auf die Schwelle. Er schaut hinein, dann wendet er sich um und lächelt.

DER POLIZIST: Hier ist tatsächlich kein Mensch.

SUN *der neben ihn getreten war:* Aber es war ein Schluchzen! *Sein Blick fällt auf den Tisch, unter den Shui Ta das Bündel gestopft hat. Er läuft darauf zu.* Das war vorhin noch nicht da! *Es öffnend, zeigt er Shen Te's Kleider usw.*

WANG: Das sind Shen Te's Sachen! *Er läuft zur Tür und ruft hinaus:* Man hat ihre Kleider hier entdeckt!

DER POLIZIST *die Sachen an sich nehmend:* Sie erklären, daß Ihre Kusine verreist ist. Ein Bündel mit ihr gehörenden Sachen wird unter Ihrem Tisch versteckt gefunden. Wo ist das Mädchen erreichbar, Herr Shui Ta?

SHUI TA: Ich kenne ihre Adresse nicht.

DER POLIZIST: Das ist sehr bedauerlich.

RUFE AUS DER VOLKSMENGE: Shen Te's Sachen sind

gefunden worden! – Der Tabakkönig hat das Mädchen ermordet und verschwinden lassen!

DER POLIZIST: Herr Shui Ta, ich muß Sie bitten, mir
auf die Wache zu folgen.

SHUI TA *sich vor der Hausbesitzerin und Herrn Shu
Fu verbeugend:* Ich bitte Sie um Entschuldigung für
den Skandal, meine Herrschaften. Aber es gibt noch
Richter in Sezuan. Ich bin überzeugt, daß sich alles
in Kürze aufklären wird. *Er geht vor dem Polizisten hinaus.*

WANG: Ein furchtbares Verbrechen ist geschehen!

SUN *bestürzt:* Aber dort war ein Schluchzen!

ZWISCHENSPIEL

Wangs Nachtlager

*Musik. Zum letztenmal erscheinen dem Wasserverkäu-
fer im Traum die Götter. Sie haben sich sehr verändert. Unverkennbar sind die Anzeichen langer Wanderung, tiefer Erschöpfung und mannigfaltiger böser
Erlebnisse. Einem ist der Hut vom Kopf geschlagen,
einer hat ein Bein in einer Fuchsfalle gelassen, und alle
drei gehen barfuß.*

WANG: Endlich erscheint ihr! Furchtbare Dinge gehen
vor in Shen Te's Tabakladen, Erleuchtete! Shen
Te ist wieder verreist, schon seit Monaten! Der
Vetter hat alles an sich gerissen! Er ist heute ver-
haftet worden. Er soll sie ermordet haben, heißt es,
um sich ihren Laden anzueignen. Aber das glaube
ich nicht, denn ich habe einen Traum gehabt, in dem

sie mir erschien und erzählte, daß ihr Vetter sie gefangen hält. Oh, Erleuchtete, ihr müßt sogleich zurückkommen und sie finden.

DER ERSTE GOTT: Das ist entsetzlich. Unsere ganze Suche ist gescheitert. Wenige Gute fanden wir, und wenn wir welche fanden, lebten sie nicht menschenwürdig. Wir hatten schon beschlossen, uns an Shen Te zu halten.

DER ZWEITE GOTT: Wenn sie immer noch gut sein sollte!

WANG: Das ist sie sicherlich, aber sie ist verschwunden!

DER ERSTE GOTT: Dann ist alles verloren.

DER ZWEITE GOTT: Haltung.

DER ERSTE GOTT: Wozu da noch Haltung? Wir müssen abdanken, wenn sie nicht gefunden wird! Was für eine Welt haben wir vorgefunden? Elend, Niedrigkeit und Abfall überall! Selbst die Landschaft ist von uns abgefallen. Die schönen Bäume sind enthauptet von Drähten, und jenseits der Gebirge sehen wir dicke Rauchwolken und hören einen Donner von Kanonen, und nirgends ein guter Mensch, der durchkommt!

DER DRITTE GOTT: Ach, Wasserverkäufer, unsere Gebote scheinen tödlich zu sein! Ich fürchte, es muß alles gestrichen werden, was wir an sittlichen Vorschriften aufgestellt haben. Die Leute haben genug zu tun, nur das nackte Leben zu retten. Gute Vorsätze bringen sie an den Rand des Abgrunds, gute Taten stürzen sie hinab. *Zu den beiden andern Göttern:* Die Welt ist unbewohnbar, ihr müßt es einsehen!

DER ERSTE GOTT *heftig:* Nein, die Menschen sind
nichts wert!

DER DRITTE GOTT: Weil die Welt zu kalt ist!

DER ZWEITE GOTT: Weil die Menschen zu schwach
sind!

DER ERSTE GOTT: Würde, ihr Lieben, Würde! Brüder,
wir dürfen nicht verzweifeln. Einen haben wir doch
gefunden, der gut war und nicht schlecht geworden
ist, und er ist nur verschwunden. Eilen wir, ihn zu
finden. Einer genügt. Haben wir nicht gesagt, daß
alles noch gut werden kann, wenn nur einer sich
findet, der diese Welt aushält, nur einer?!

Sie entschwinden schnell.

10

Gerichtslokal

In Gruppen: Herr Shu Fu und die Hausbesitzerin.
Sun und seine Mutter. Wang, der Schreiner, der Groß-
vater, die junge Prostituierte, die beiden Alten. Die
Shin. Der Polizist. Die Schwägerin.

DER ALTE: Er ist zu mächtig.

WANG: Er will zwölf neue Läden aufmachen.

DER SCHREINER: Wie soll der Richter ein gerechtes
Urteil sprechen, wenn die Freunde des Angeklagten,
der Barbier Shu Fu und die Hausbesitzerin Mi Tzü,
seine Freunde sind?

DIE SCHWÄGERIN: Man hat gesehen, wie gestern abend
die Shin im Auftrag des Herrn Shui Ta eine fette
Gans in die Küche des Richters brachte. Das Fett
troff durch den Korb.

DIE ALTE *zu Wang:* Unsere arme Shen Te wird nie
wieder entdeckt werden.

WANG: Ja, nur die Götter könnten die Wahrheit ausfindig machen.

DER POLIZIST: Ruhe! Der Gerichtshof erscheint.

Eintreten in Gerichtsroben die drei Götter. Während
sie an der Rampe entlang zu ihren Sitzen gehen, hört
man sie flüstern.

DER DRITTE GOTT: Es wird aufkommen. Die Zerti-
fikate sind sehr schlecht gefälscht.

DER ZWEITE GOTT: Und man wird sich Gedanken
machen über die plötzliche Magenverstimmung des
Richters.

DER ERSTE GOTT: Nein, sie ist natürlich, da er eine halbe Gans aufgegessen hat.

DIE SHIN: Es sind neue Richter!

WANG: Und sehr gute!

Der dritte Gott, der als letzter geht, hört ihn, wendet sich um und lächelt ihm zu. Die Götter setzen sich. Der erste Gott schlägt mit dem Hammer auf den Tisch. Der Polizist holt Shui Ta herein, der mit Pfeifen empfangen wird, aber in herrischer Haltung einhergeht.

DER POLIZIST: Machen Sie sich auf eine Überraschung gefaßt. Es ist nicht der Richter Fu Yi Tscheng. Aber die neuen Richter sehen auch sehr mild aus.

Shui Ta erblickt die Götter und wird ohnmächtig.

DIE JUNGE PROSTITUIERTE: Was ist das? Der Tabakkönig ist in Ohnmacht gefallen.

DIE SCHWÄGERIN: Ja, beim Anblick der neuen Richter!

WANG: Er scheint sie zu kennen! Das verstehe ich nicht.

DER ERSTE GOTT *eröffnet die Verhandlung:* Sind Sie der Tabakgroßhändler Shui Ta?

SHUI TA *sehr schwach:* Ja.

DER ERSTE GOTT: Gegen Sie wird die Anklage erhoben, daß Sie Ihre leibliche Kusine, das Fräulein Shen Te, beiseite geschafft haben, um sich ihres Geschäfts zu bemächtigen. Bekennen Sie sich schuldig?

SHUI TA: Nein.

DER ERSTE GOTT *in den Akten blätternd:* Wir hören zunächst den Polizisten des Viertels über den Ruf des Angeklagten und den Ruf seiner Kusine.

DER POLIZIST *tritt vor:* Fräulein Shen Te war ein

Mädchen, das sich gern allen Leuten angenehm machte, lebte und leben ließ, wie man sagt. Herr Shui Ta hingegen ist ein Mann von Prinzipien. Die Gutherzigkeit des Fräuleins zwang ihn mitunter zu strengen Maßnahmen. Jedoch hielt er sich im Gegensatz zu dem Mädchen stets auf seiten des Gesetzes, Euer Gnaden. Er entlarvte Leute, denen seine Kusine vertrauensvoll Obdach gewährt hatte, als eine Diebesbande, und in einem andern Fall bewahrte er die Shen Te im letzten Augenblick vor einem glatten Meineid. Herr Shui Ta ist mir bekannt als respektabler und die Gesetze respektierender Bürger.

DER ERSTE GOTT: Sind weitere Leute hier, die bezeugen wollen, daß dem Angeklagten eine Untat, wie sie ihm vorgeworfen wird, nicht zuzutrauen ist?

Vortreten Herr Shu Fu und die Hausbesitzerin.

DER POLIZIST *flüstert den Göttern zu:* Herr Shu Fu, ein sehr einflußreicher Herr!

HERR SHU FU: Herr Shui Ta gilt in der Stadt als angesehener Geschäftsmann. Er ist zweiter Vorsitzender der Handelskammer und in seinem Viertel zum Friedensrichter vorgesehen.

WANG *ruft dazwischen:* Von euch! Ihr macht Geschäfte mit ihm!

DER POLIZIST *flüsternd:* Ein übles Subjekt!

DIE HAUSBESITZERIN: Als Präsidentin des Fürsorgevereins möchte ich dem Gerichtshof zur Kenntnis bringen, daß Herr Shui Ta nicht nur im Begriff steht, zahlreichen Menschen in seinen Tabakbetrieben die bestdenkbaren Räume, hell und gesund, zu schenken, sondern auch unserm Invalidenheim laufend Zuwendungen macht.

DER POLIZIST *flüsternd:* Frau Mi Tzü, eine nahe Freundin des Richters Fu Yi Tscheng!

DER ERSTE GOTT: Jaja, aber nun müssen wir auch hören, ob jemand weniger Günstiges über den Angeklagten auszusagen hat.

Vortreten Wang, der Schreiner, das alte Paar, der Arbeitslose, die Schwägerin, die junge Prostituierte.

DER POLIZIST: Der Abschaum des Viertels!

DER ERSTE GOTT: Nun, was wißt ihr von dem allgemeinen Verhalten des Shui Ta?

RUFE *durcheinander:* Er hat uns ruiniert! – Mich hat er erpreßt! – Uns zu Schlechtem verleitet! – Die Hilflosen ausgebeutet! – Gelogen! – Betrogen! – Gemordet!

DER ERSTE GOTT: Angeklagter, was haben Sie zu antworten?

SHUI TA: Ich habe nichts getan, als die nackte Existenz meiner Kusine gerettet, Euer Gnaden. Ich bin nur gekommen, wenn die Gefahr bestand, daß sie ihren kleinen Laden verlor. Ich mußte dreimal kommen. Ich wollte nie bleiben. Die Verhältnisse haben es mit sich gebracht, daß ich das letzte Mal geblieben bin. Die ganze Zeit habe ich nur Mühe gehabt. Meine Kusine war beliebt, und ich habe die schmutzige Arbeit verrichtet. Darum bin ich verhaßt.

DIE SCHWÄGERIN: Das bist du. Nehmt unsern Fall, Euer Gnaden! *Zu Shui Ta:* Ich will nicht von den Ballen reden.

SHUI TA: Warum nicht? Warum nicht?

232

Die Schwägerin *zu den Göttern:* Shen Te hat uns
  Obdach gewährt, und er hat uns verhaften lassen.

Shui Ta: Ihr habt Kuchen gestohlen!

Die Schwägerin: Jetzt tut er, als kümmerten ihn die
  Kuchen des Bäckers! Er wollte den Laden für sich
  haben!

Shui Ta: Der Laden war kein Asyl, ihr Eigensüch-
  tigen!

Die Schwägerin: Aber wir hatten keine Bleibe!

Shui Ta: Ihr wart zu viele!

Wang: Und sie hier? *Er deutet auf die beiden Alten.*
  Waren sie auch zu eigensüchtig?

Der Alte: Wir haben unser Erspartes in Shen Te's
  Laden gegeben. Warum hast du uns um unsern
  Laden gebracht?

Shui Ta: Weil meine Kusine einem Flieger zum Fliegen verhelfen wollte. Ich sollte das Geld schaffen!

Wang: Das wollte vielleicht sie, aber du wolltest die
  einträgliche Stelle in Peking. Der Laden war dir
  nicht gut genug.

Shui Ta: Die Ladenmiete war zu hoch!

Die Shin: Das kann ich bestätigen.

Shui Ta: Und meine Kusine verstand nichts vom
  Geschäft.

Die Shin: Auch das! Außerdem war sie verliebt in
  den Flieger.

Shui Ta: Sollte sie nicht lieben dürfen?

Wang: Sicher! Warum hast du sie dann zwingen wollen, einen ungeliebten Mann zu heiraten, den Barbier hier?

Shui Ta: Der Mann, den sie liebte, war ein **Lump.**

Wang: Der dort? *Er zeigt auf Sun.*

SUN *springt auf:* Und weil er ein Lump war, hast du ihn in dein Kontor genommen!

SHUI TA: Um dich zu bessern! Um dich zu bessern!

DIE SCHWÄGERIN: Um ihn zum Antreiber zu machen!

WANG: Und als er so gebessert war, hast du ihn da nicht verkauft an diese da? *Er zeigt auf die Hausbesitzerin.* Sie hat es überall herumposaunt.

SHUI TA: Weil sie mir die Lokalitäten nur geben wollte, wenn er ihr die Knie tätschelte!

DIE HAUSBESITZERIN: Lüge! Reden Sie nicht mehr von meinen Lokalitäten! Ich habe mit Ihnen nichts zu schaffen, Sie Mörder! *Sie rauscht beleidigt ab.*

SUN *bestimmt:* Euer Gnaden, ich muß ein Wort für ihn einlegen!

DIE SCHWÄGERIN: Selbstverständlich mußt du. Du bist sein Angestellter.

DER ARBEITSLOSE: Er ist der schlimmste Antreiber, den es je gegeben hat. Er ist ganz verkommen.

SUN: Euer Gnaden, der Angeklagte mag mich zu was immer gemacht haben, aber er ist kein Mörder. Wenige Minuten vor seiner Verhaftung habe ich Shen Te's Stimme aus dem Gelaß hinter dem Laden gehört!

DER ERSTE GOTT *gierig:* So lebte sie also? Berichte uns genau, was du gehört hast!

SUN *triumphierend:* Ein Schluchzen, Euer Gnaden, ein Schluchzen!

DER DRITTE GOTT: Und das erkanntest du wieder?

SUN: Unbedingt. Sollte ich nicht ihre Stimme kennen?

HERR SHU FU: Ja, oft genug hast du sie schluchzen gemacht!

SUN: Und doch habe ich sie glücklich gemacht. Aber

dann wollte er – *auf Shui Ta deutend* – sie an dich verkaufen.

SHUI TA *zu Sun:* Weil du sie nicht liebtest!

WANG: Nein: um des Geldes willen!

SHUI TA: Aber wozu wurde das Geld benötigt, Euer Gnaden? *Zu Sun:* Du wolltest, daß sie alle ihre Freunde opferte, aber der Barbier bot ihr seine Häuser und sein Geld an, daß den Armen geholfen würde. Auch damit sie Gutes tun konnte, mußte ich sie mit dem Barbier verloben.

WANG: Warum hast du sie da nicht das Gute tun lassen, als der große Scheck unterschrieben wurde? Warum hast du die Freunde Shen Te's in die schmutzigen Schwitzbuden geschickt, deine Tabakfabrik, Tabakkönig?

SHUI TA: Das war für das Kind!

DER SCHREINER: Und meine Kinder? Was machtest du mit meinen Kindern?

Shui Ta schweigt.

WANG: Jetzt schweigst du! Die Götter haben Shen Te ihren Laden gegeben als eine kleine Quelle der Güte. Und immer wollte sie Gutes tun, und immer kamst du und hast es vereitelt.

SHUI TA *außer sich:* Weil sonst die Quelle versiegt wäre, du Dummkopf.

DIE SHIN: Das ist richtig, Euer Gnaden!

WANG: Was nützt die Quelle, wenn daraus nicht geschöpft werden kann?

SHUI TA: Gute Taten, das bedeutet Ruin!

WANG *wild:* Aber schlechte Taten, das bedeutet gutes Leben, wie? Was hast du mit der guten Shen Te gemacht, du schlechter Mensch? Wie viele gute Menschen gibt es schon, Erleuchtete? Sie aber war gut! Als der dort meine Hand zerbrochen hatte, wollte sie für mich zeugen. Und jetzt zeuge ich für sie. Sie war gut, ich bezeuge es. *Er hebt die Hand zum Schwur.*

DER DRITTE GOTT: Was hast du an der Hand, Wasserverkäufer? Sie ist ja steif.

WANG *zeigt auf Shui Ta:* Er ist daran schuld, nur er! Sie wollte mir das Geld für den Arzt geben, aber dann kam er. Du warst ihr Todfeind!

SHUI TA: Ich war ihr einziger Freund!

ALLE: Wo ist sie?

SHUI TA: Verreist.

WANG: Wohin?

SHUI TA: Ich sage es nicht!

ALLE: Aber warum mußte sie verreisen?

SHUI TA *schreiend:* Weil ihr sie sonst zerrissen hättet!

Es tritt eine plötzliche Stille ein.

SHUI TA *ist auf seinen Stuhl gesunken:* Ich kann nicht mehr. Ich will alles aufklären. Wenn der Saal geräumt wird und nur die Richter zurückbleiben, will ich ein Geständnis machen.

ALLE: Er gesteht! – Er ist überführt!

DER ERSTE GOTT *schlägt mit dem Hammer auf den Tisch:* Der Saal soll geräumt werden.

Der Polizist räumt den Saal.

DIE SHIN *im Abgehen, lachend:* Man wird sich wundern!

SHUI TA: Sind sie draußen? Alle? Ich kann nicht mehr
schweigen. Ich habe euch erkannt, Erleuchtete!
DER ZWEITE GOTT: Was hast du mit unserm guten
Menschen von Sezuan gemacht?
SHUI TA: Dann laßt mich euch die furchtbare Wahr-
heit gestehen, ich bin euer guter Mensch!

Er nimmt die Maske ab und reißt sich die Kleider weg,
Shen Te steht da.

DER ZWEITE GOTT: Shen Te!
SHEN TE: Ja, ich bin es. Shui Ta und Shen Te, ich bin
beides.

Euer einstiger Befehl
Gut zu sein und doch zu leben
Zerriß mich wie ein Blitz in zwei Hälften. Ich
Weiß nicht, wie es kam: gut sein zu andern
Und zu mir konnte ich nicht zugleich.
Andern und mir zu helfen, war mir zu schwer.
Ach, eure Welt ist schwierig! Zu viel Not, zu viel
                              Verzweiflung!
Die Hand, die dem Elenden gereicht wird
Reißt er einem gleich aus! Wer den Verlorenen hilft
Ist selbst verloren! Denn wer könnte
Lang sich weigern, böse zu sein, wenn da stirbt,
                              wer kein Fleisch ißt?
Aus was sollte ich nehmen, was alles gebraucht wurde?
                              Nur
Aus mir! Aber dann kam ich um! Die Last der guten
                              Vorsätze
Drückte mich in die Erde. Doch wenn ich Unrecht tat
Ging ich mächtig herum und aß vom guten Fleisch!

Etwas muß falsch sein an eurer Welt. Warum
Ist auf die Bosheit ein Preis gesetzt und warum
                                   erwarten den Guten
So harte Strafen? Ach, in mir war
Solch eine Gier, mich zu verwöhnen! Und da war auch
In mir ein heimliches Wissen, denn meine Ziehmutter
Wusch mich mit Gossenwasser! Davon kriegte ich
Ein scharfes Aug. Jedoch Mitleid
Schmerzte mich so, daß ich gleich in wölfischen Zorn
                                       verfiel
Angesichts des Elends. Dann
Fühlte ich, wie ich mich verwandelte und
Mir die Lippe zur Lefze wurd. Wie Asche im Mund
Schmeckte das gütige Wort. Und doch
Wollte ich gern ein Engel sein den Vorstädten.
                                    Zu schenken
War mir eine Wollust. Ein glückliches Gesicht
Und ich ging wie auf Wolken.
Verdammt mich: alles, was ich verbrach
Tat ich, meinen Nachbarn zu helfen
Meinen Geliebten zu lieben und
Meinen kleinen Sohn vor dem Mangel zu retten.
Für eure großen Pläne, ihr Götter
War ich armer Mensch zu klein.

DER ERSTE GOTT *mit allen Zeichen des Entsetzens:*
   Sprich nicht weiter, Unglückliche! Was sollen wir
   denken, die so froh sind, dich wiedergefunden zu
   haben!
SHEN TE: Aber ich muß euch doch sagen, daß ich der
   böse Mensch bin, von dem alle hier diese Untaten
   berichtet haben.

DER ERSTE GOTT: Der gute Mensch, von dem alle nur
  Gutes berichtet haben!
SHEN TE: Nein, auch der böse!
DER ERSTE GOTT: Ein Mißverständnis! Einige un-
  glückliche Vorkommnisse! Ein paar Nachbarn ohne
  Herz! Etwas Übereifer!
DER ZWEITE GOTT: Aber wie soll sie weiterleben?
DER ERSTE GOTT: Sie kann es! Sie ist eine kräftige
  Person und wohlgestaltet und kann viel aushalten.
DER ZWEITE GOTT: Aber hast du nicht gehört, was
  sie sagt?
DER ERSTE GOTT *heftig*: Verwirrtes, sehr Verwirrtes!
  Unglaubliches, sehr Unglaubliches! Sollen wir ein-
  gestehen, daß unsere Gebote tödlich sind? Sollen
  wir verzichten auf unsere Gebote? *Verbissen:* Nie-
  mals! Soll die Welt geändert werden? Wie? Von
  wem? Nein, es ist alles in Ordnung! *Er schlägt
  schnell mit dem Hammer auf den Tisch.*
  Und nun –

*Auf ein Zeichen von ihm ertönt Musik. Eine rosige
Helle entsteht.*

  Laßt uns zurückkehren. Diese kleine Welt
  Hat uns sehr gefesselt. Ihr Freud und Leid
  Hat uns erquickt und uns geschmerzt. Jedoch
  Gedenken wir dort über den Gestirnen
  Deiner, Shen Te, des guten Menschen, gern
  Die du von unserm Geist hier unten zeugst
  In kalter Finsternis die kleine Lampe trägst.
  Leb wohl, mach's gut!

Auf ein Zeichen von ihm öffnet sich die Decke. Eine

rosa Wolke läßt sich hernieder. Auf ihr fahren die Götter sehr langsam nach oben.

SHEN TE: Oh, nicht doch, Erleuchtete! Fahrt nicht weg! Verlaßt mich nicht! Wie soll ich den beiden guten Alten in die Augen schauen, die ihren Laden verloren haben, und dem Wasserverkäufer mit der steifen Hand? Und wie soll ich mich des Barbiers erwehren, den ich nicht liebe, und wie Suns, den ich liebe? Und mein Leib ist gesegnet, bald ist mein kleiner Sohn da und will essen? Ich kann nicht hier bleiben!

Sie blickt gehetzt nach der Tür, durch die ihre Peiniger eintreten werden.

DER ERSTE GOTT: Du kannst es. Sei nur gut, und alles wird gut werden!

Herein die Zeugen. Sie sehen mit Verwunderung die Richter auf ihrer rosa Wolke schweben.

WANG: Bezeugt euren Respekt! Die Götter sind unter uns erschienen! Drei der höchsten Götter sind nach Sezuan gekommen, einen guten Menschen zu suchen. Sie hatten ihn schon gefunden, aber ...
DER ERSTE GOTT: Kein Aber! Hier ist er!
ALLE: Shen Te!
DER ERSTE GOTT: Sie ist nicht umgekommen, sie war nur verborgen. Sie wird unter euch bleiben, ein guter Mensch!
SHEN TE: Aber ich brauche den Vetter!
DER ERSTE GOTT: Nicht zu oft!
SHEN TE: Jede Woche zumindest!

DER ERSTE GOTT: Jeden Monat, das genügt!

SHEN TE: Oh, entfernt euch nicht, Erleuchtete! Ich habe noch nicht alles gesagt! Ich brauche euch dringend!

DIE GÖTTER *singen das*

TERZETT DER ENTSCHWINDENDEN GÖTTER AUF DER WOLKE

> Leider können wir nicht bleiben
> Mehr als eine flüchtige Stund:
> Lang besehn, ihn zu beschreiben
> Schwände hin der schöne Fund.
> Eure Körper werfen Schatten
> In der Flut des goldnen Lichts
> Drum müßt ihr uns schon gestatten
> Heimzugehn in unser Nichts.

SHEN TE: Hilfe!

DIE GÖTTER:

> Und lasset, da die Suche nun vorbei
> Uns fahren schnell hinan!
> Gepriesen sei, gepriesen sei
> Der gute Mensch von Sezuan!

Während Shen Te verzweifelt die Arme nach ihnen ausbreitet, verschwinden sie oben, lächelnd und winkend.

EPILOG

*Vor den Vorhang tritt ein Spieler und wendet sich
entschuldigend an das Publikum mit einem Epilog.*

Verehrtes Publikum, jetzt kein Verdruß:
Wir wissen wohl, das ist kein rechter Schluß.
Vorschwebte uns: die goldene Legende.
Unter der Hand nahm sie ein bitteres Ende.
Wir stehen selbst enttäuscht und sehn betroffen
Den Vorhang zu und alle Fragen offen.
Dabei sind wir doch auf Sie angewiesen
Daß Sie bei uns zu Haus sind und genießen.
Wir können es uns leider nicht verhehlen:
Wir sind bankrott, wenn Sie uns nicht empfehlen!
Vielleicht fiel uns aus lauter Furcht nichts ein.
Das kam schon vor. Was könnt die Lösung sein?
Wir konnten keine finden, nicht einmal für Geld.
Soll es ein andrer Mensch sein? Oder eine andre Welt?
Vielleicht nur andere Götter? Oder keine?
Wir sind zerschmettert und nicht nur zum Scheine!
Der einzige Ausweg wär aus diesem Ungemach:
Sie selber dächten auf der Stelle nach
Auf welche Weis dem guten Menschen man
Zu einem guten Ende helfen kann.
Verehrtes Publikum, los, such dir selbst den Schluß!
Es muß ein guter da sein, muß, muß. muß!

Notes

<table>
<tr><td>p. 88</td><td></td><td>Dramatis personae: In this, as in other plays, Brecht does not give all his characters names. We do not learn the surname of the old couple, for instance, until p. 148, line 14. For the origin of the gods, see Introduction, p. 71.</td></tr>
<tr><td>p. 89</td><td>1</td><td>Wasserverkäufer: Since Szechwan has a temperate, moist climate, with a winter temperature of 50° and a summer average of 85° Fahrenheit, the total precipitation varying from 35 to 45 inches, it is surprising that a water-seller should be needed. It is, however, a fact that water from the river is carried in buckets and sold to households even in such temperate regions as Szechwan.
For the Nō opening of the play see Introduction, p. 69.</td></tr>
<tr><td></td><td>2</td><td>The capital of Szechwan, which is the most populous province in China, is Chengtu, although the largest city is Chungking, at the confluence of the Yangtze and Kialang. Throughout the play, however, one does not feel that Brecht is thinking of any real locality.</td></tr>
<tr><td>p. 90</td><td>17</td><td>Wang is throughout the play an optimist.</td></tr>
<tr><td>p. 92</td><td>8-10</td><td>See Introduction, p. 73.</td></tr>
<tr><td></td><td>9</td><td>The second god seems to play the part of the esprit fort. See also p. 121, l. 7 ff. It is significant that it is the second god who draws the attention of the others to the false bottom.</td></tr>
<tr><td></td><td>15</td><td>Alle Finger ... bewirten: Everyone is just itching to put you up. See Introduction p. 72 on the reactions of those asked to take the gods in.</td></tr>
<tr><td></td><td>23</td><td>Schun is a town in northern Szechwan and Kuan a town in Hopeh.</td></tr>
<tr><td>p. 93</td><td>8</td><td>Maßbecher: A Measuring-cup of standard capacity.</td></tr>
<tr><td></td><td>13</td><td>Aber was ist ... angefault ist!: But what does it matter if one person is rotten?</td></tr>
<tr><td></td><td>24</td><td>Wo denkt ihr hin?: What can you be thinking of?</td></tr>
</table>

<table>
<tr><td>p. 94</td><td>29</td><td>drei der Hauptgötter: These gods are pure inventions of Brecht's. Confucius did not talk about personal gods, but here and there made vague references to the supreme being as 'Heaven'.</td></tr>
<tr><td>p. 95</td><td>6 ff</td><td>Wang utters the threats of the naive Christian to the evildoer: that he will be punished for his indifference by burning in seething pitch in the hereafter, and that God will visit his sins 'unto the third and fourth generation'. Wang's vulgar remark about what the gods will do to mark their displeasure is typically Brechtian.</td></tr>
<tr><td>p. 96</td><td>6-7</td><td>der Magen knurrt leider auch, wenn der Kaiser Geburtstag hat: The stomach unfortunately rumbles (with hunger) even on the Emperor's birthday. No such proverb is known to Germans, but Brecht had such facility in inventing proverbs that one constantly takes them for genuine traditional ones.</td></tr>
<tr><td></td><td>23</td><td>es zieht: there's a draught.</td></tr>
<tr><td>p. 100</td><td>1 ff.</td><td>It is quite clear that Shen Te had adopted a sinful profession only from economic necessity. She would be glad to lead a good life and to keep commandments, which sound Christian rather than Confucian: e.g. 'Thou shalt not covet thy neighbour's house'; Kindesliebe: 'Honour thy father and mother'.</td></tr>
<tr><td></td><td>15</td><td>Ich fürchte, es ist ihm schlecht bekommen: I'm afraid that he's none the better for it.</td></tr>
<tr><td></td><td>25</td><td>In das Wirtschaftliche . . . mischen: We can't meddle with economic affairs.</td></tr>
<tr><td></td><td>27-8</td><td>könnte sie es vielleicht eher schaffen: perhaps she could get along better.</td></tr>
<tr><td>p. 103</td><td>13</td><td>That is Shin all over. It is she who had been talking about 'Bude' and 'Elendsviertel'. She is both a cadger and a grumbler.
Das ist der Gipfel: That's the limit.</td></tr>
<tr><td></td><td>21-2</td><td>Jetzt drehen Sie mir die Gurgel zu: Now you're strangling me (more usually zuschnüren). Shin mixes her metaphors and goes on to call Shen Te a 'cut-throat'.</td></tr>
<tr><td>p. 104</td><td>6</td><td>Was sind denn das für welche?: What sort of people are they?</td></tr>
<tr><td></td><td>7 ff.</td><td>Here, as on many other occasions, Shen Te is willing to 'turn the other cheek' to those who have dealt ill with her.</td></tr>
</table>

p. 106   14 ff.   Shen Te breaks into verse to emphasize the character of the spongers. Cf. ll. 7-8, where we see that the woman grudges to others what she wants for herself.

p. 107   1   **gesessen ist**: South German. North German conjugates **sitzen** with **haben**.

          5-6   **Sie stecken . . . Deckel**: You're hand and glove with that woman Shin, of course.

          13   The first suggestion leading to the invention of Shui Ta. In the course of the scene they build up this mythical cousin, little knowing that they are laying up a rod in pickle for themselves.

          20 ff.   Further examples of Brecht's proverbial style. His aphorisms are peculiarly happy in a play with a Chinese setting, for the teaching of Confucius often took the form of sententious sayings, which are known by heart by thousands of Chinese. None of Brecht's proverbs, however, can be identified as specifically Chinese.

p. 108   28-9   **Ihr seid ja saubere Verwandte!**: *You're* nice relations! (sarcastic).

p. 109   30   The man will only 'put his hand into the fire' for Shen Te when something is to be gained by it. cf. p. 104, ll. 9-10.

p. 110   16   We see that the build-up of Shui Ta by the spongers has not been lost on Shen Te. Her decision is now taken.

p. 111   17   **Er frißt wie ein Scheunendrescher**: Literally a 'barn-thrasher'. One might translate it either 'He's got a voracious appetite' or 'He eats us out of house and home'.

          25-6   A further sign that the family means to be the sole beneficiaries of Shen Te's good fortune.

          29-30   **Denn wovon . . . rauchen?**: How can the fire be kept burning.?

p. 112   4   **untertags**: during the day.
          6-7   **Wenn nur . . . hereinplatzt**: If only the cousin doesn't come bursting in all of a sudden tonight.

          22 ff.   **Das Lied vom Rauch**: A song expressing profound disillusionment. Metrically, the song is reminiscent of the *Dreigroschenoper* period.
                  Smoke as a symbol for the transitory nature of man

is used in the Old Testament, e.g. Psalm 102, verse 3: "For my days are consumed away like smoke."

p. 114 17 ff.   These lines pinpoint the situation. The utter loathsomeness of the spongers has been fully brought out, and the stage is set for Shui Ta.

p. 115 18 ff.   The style of these lines is almost biblical: note the repetition of the subject and the placing of the separable prefix *auf* in *aufnehmen* in the middle instead of at the end of the sentence.

      26   'Ihr Kleingläubigen' is the translation used in the Luther Bible for our 'Ye of little faith' (St. Matthew VIII 26).

p. 116 13   The gods will not admit that *they* gave Shen Te the money for her shop. The views expressed by the First God are unduly optimistic.

p. 117 7   **schlurfen** is dialect for **schlürfen,** to shuffle, sip. Swabian tends to leave off Umlauts found in standard German.

      10   **aus den Wolken fallend** would be the equivalent of our 'struck dumb with amazement'.

      25   **angeschmiert** (colloquial): cheated, taken in.

p. 118 16-7   **Und komm ... in die Quere:** And keep out of the way of the policeman.

      25   **Sie wird ihm schön heimleuchten:** She'll soon send him about his business.

p. 119 8 ff.   Shui Ta's clear grasp of the situation is contrasted with Shen Te's aimless charity.

      10   **betrüblicherweise:** It's sad to relate.

      12 ff.   The 'someone' who composed these lines is the Chinese poet, Po-Chü-i (A.D. 772-846), the 'Gouvernör' of Brecht's adaptation. The translation of Arthur Waley (170 *Chinese Poems*, Constable, 1918) is:—

The Big Rug
That so many of the poor should suffer from cold what can we do to prevent?
To bring warmth to a single body is not much use.
I wish I had a big rug ten thousand feet long,
Which at one time could cover up every inch of the City.

      21   The silver dollar is the main unit of currency in China.

p. 120   7   **Das ist gut gegeben!**: Well said!

       14   **Mir kann es recht sein**: It's all the same to me.

      28-9   **Sie passen ... hin**: They fit this dump and nowhere else.

p. 121 2-3   **Da kann ich nicht mehr mit**: I can't keep pace with you.

p. 122   3   **Grüßt tief hinaus**: bows low in the direction of the street.

       6   **der dieses Viertel betreut**: in charge of this district.

     12-13 **Wenn er ... geschnappt**: If he goes on talking rot until the boy comes back, we shall be copped.

     24-6   **daß wir den größten Wert ... zu stehen**: that we attach the greatest importance to being on good terms with the authorities.

      29   'extra' here means 'on purpose'.

p. 124 13 ff. The landlady is making opprobrious remarks about Shen Te's having been a prostitute. An 'Absteige-quartier' is a 'house of assignation'. A 'Funfkäsch-kämmerchen' would be something like a 'twopenny-halfpenny garret', since the Käsch is a very small Chinese coin.

    18 ff. Here and throughout the whole of this episode Shui Ta tends to merge with Shen Te.

     23   Frau Mi Tzü is no doubt going to add the word 'prostitute', when Shui Ta substitutes for it the kinder 'poor girl'.

     27   **Gefühlsduseleien**: sentimental rubbish.

     31   Frau Mi Tzü would be much readier to believe that elderly lovers had set Shen Te up in her shop that that the gods had done so.

p. 125 5-6   **aber ... nehmen**: but I must think about other people (understood).

p. 126 21   **Nun ... an**: Well, that doesn't matter to me.

     23   **in gutem Einvernehmen**: on good terms.

p. 127 9-10 **auf sich selber angewiesen**: left to her own resources.

     25   The 'rats' are no doubt the spongers, who could be subdued by 'hardness' and 'cunning', and the 'river' the further problems facing Shen Te.

     31   **da wollen ... vormachen**: we must look facts in the face.

. 128 8-10 Reminiscent both of 'being wise after the event' and 'crying over spilt milk'.

    25-6   'A very old saying', i.e. that times are bad.

248

·

p. 162   24 ff.   Sun is the complete cynic in his views on women. This fits in better with a Chinese than a European outlook. In Chinese poetry, friendship is glorified much more frequently than love.

p. 163   1-2   **hört sie Glocken:** This is not a usual German idiom. Can Sun mean 'marriage bells'? It is, however, found in English or U.S. slang.

     22   Compare p. 198, lines 6 and 7. It is the fact that Shen Te had been brought up 'in the gutter' and there learnt the worst of human nature that enables her to project herself into Shui Ta.

     28-9   **Wir krallen . . . hoch:** We manage to claw our way up the slippery walls.

     31   **abserviert:** finished.

p. 165   5   **Da muß . . . werden:** (Literally 'the bolt must be slipped') We must put a stop to that.

     13-14   Compare p. 198, lines 24-8, as a sidelight on Shu Fu's generosity.

     23 ff.   This scene underlines the difference in the attitude of Shen Te and Shui Ta, who is quite unwilling to commit perjury to help Wang.

p. 166   29-30   **Sie werden . . . bringt:** You won't ask her to lose all she has.

p. 167   18-20   **Wenn Herr Shu Fu . . . kommen:** If Mr. Shu Fu didn't put mercy before justice, you might be put into jug for slander.

p. 168   21 ff.   It is obvious that Shu Fu is playing the part of a charitable man solely for the purpose of gaining the favour of Shen Te, whom he genuinely wishes to marry. This also explains the episode of the cheque (page 190).

p. 169   10-12   **Ein gewisses Subjekt . . . gebracht werden:** A certain person has got his congé, and some of the plots against this shop will be spoiled.

     14   **zu nahe zu treten:** to injure.

p. 170   2-3   **Nehmen Sie zur Kenntnis:** Please note.

p. 173   10   **hartgekocht:** This is an anglicism, for in German normally 'hartgekocht' is used of eggs in the literal sense, while 'hartgesotten' is used figuratively for 'hard-boiled'.

     13   In this play Brecht constantly uses the cement factory as the symbol for the lowest and most unpleasant type of occupation.

252

253

p. 206	1-2	**Gnade vor Recht ergehen lassen:** let mercy come before judgment. cf. St. James II 13: 'Mercy rejoiceth against judgment'.
	7	**hielt ... auf ihn:** once thought very highly of him.
	19	**Also ... Fabrik?:** So it's jug or the factory.
p. 207	16	**die Kinder einspannen:** harness up the children, i.e. put them to work.
	19-20	**hätten ... getroffen:** We might have hit it off quite well together.
	27-8	**einen Stein im Brett haben:** be in her good books.
p. 208	14	**war im Bilde:** was wise to what was happening.
p. 209	8-9	**daß der Aufseher ... irrt:** that the foreman makes mistakes to the disadvantage of the firm.
	28-9	**Wie will einer ... gehören?:** How can anyone belong to a better class of person without them?
p. 210	3 ff.	Here Sun's harsh attitude shows him to be a true pupil of Shui Ta.
	11	**Jetzt ... hier!:** There's going to be no more slacking here now!
	20 ff.	**Lied vom achten Elefanten:** A most apposite song. Herr Dschin is obviously Shui Ta, while the eighth elephant, who spurs on the other seven lazy elephants to work and is rewarded for his efforts by their master, is Sun.
p. 211	10	**Hatte satt das Bäumeabschlachten:** had had enough of felling trees (literally 'slaughtering trees').
	12	**ein Schaff Reis:** a tub of rice. 'Schaff' is a dialect word for vat or tub.
p. 212	13-15	**Der Edle ... tönt sie nicht:** another of Brecht's proverbs.
p. 214	10	**Und ob!:** Of course you can.
	19-20	**Es wird ... kommen:** It will be put out to nurse.
p. 215	5-6	**Schröpft die Sie etwa?:** Can she perhaps be fleecing you?
	8-9	**Jedenfalls ... Zeit:** Anyway, you haven't been at your best lately.
p. 216	11-12	**können wir .... Luft setzen:** we can fire this bunch of beggars, wrecks and walking scarecrows.
	23 ff.	The rain is the Leitmotiv in the love story of Shen Te and Sun. We might possibly take it as a symbol for Shen Te's generous and selfless love. (like mercy,

p. 216	23 ff.	'It droppeth as the gentle dew from heaven'.) The contrast between her reactions and his to the rain shows that Sun's love for Shen Te does not go as deep as hers does for him.
p. 217	5	**Gehetze**: baiting (as hounds do).
	14	**das Maul stopfen**: shut his trap.
p. 218	9	**fragen Sie . . . Verbleiben**: Ask as little as possible as to her whereabouts.
	24	**Ich bin hereingelegt worden**: I've been completely had (slang).
	30-31	**Ein Yang . . . Bildfläche!**: A Yang appears on the scene!
p. 219	2	**Mit einem Hut . . . ab!**: They fob me off with a hat!
	8	**ausgekocht** implies someone with all feeling boiled out of him. Translate 'That unfeeling cur'.
	13-14	**Das wäre . . . Fressen**: That's just the job. (slang).
	30-31	**Die Firma . . . gewachsen**: The firm has come to mean a lot to me.
p. 220	9-10	**ihrer . . . würde**: literally 'robbed of her freedom of movement'. We could say 'kept under lock and key'.
	18	**eine entsprechende Stellung einräumte**: concede to you a suitable position.
	24	Sun means to use the fact that Shen Te is expecting his child cold-bloodedly to his own advantage.
p. 221	11	**Gebrauchsgegenstände**: belongings.
p. 222	7-8	**Wenn . . . kann**: if I can't point to negotiations for a new project.
	24	**die Mitteilung machen**: to inform.
p. 223	24-5	**bei meiner . . . Gesundheit**: and with my health, which has lately been very uncertain.
	31	**sich . . . konnten**: been able to force yourself to this decision.
p. 224	29	**einer Anzeige . . . nachzugehen**: to follow up a report originating in your own firm.
p. 226	26	**Er soll . . . heißt es**: People are saying that he murdered her.
p. 227	13	**Haltung**: Compose yourself.
	19 ff.	When the play was being written, 1938-41, China was still in the throes of internecine warfare, as she had been for countless years and was to be until the present Communist régime was consolidated.

p. 227   23 ff.   The third god often seems more ready to look issues
    in the face than the other two.

    24-5   **es muß . . . aufgestellt haben:** All the moral
    precepts that we have set up will have to be can-
    celled.

p. 229   19   **Der Gerichtshof:** literally 'tribunal', here 'judges'.
    20   **Gerichtsroben:** judges' robes.
    23   **Es wird aufkommen:** It will come out.
    25-27   **Und man . . . Richters:** And people will wonder
    about the judge's sudden stomach upset.

p. 230   **22-6**   **Gegen Sie . . . schuldig?:** You are accused of having
    done away with your cousin german, Miss Shen Te,
    in order to get possession of her business. Do you
    plead guilty?

p. 231   7   **Euer Gnaden:** Your Worship.
    9-11   **bewahrte . . . Meineid:** he preserved Shen Te in
    the nick of time from outright perjury.
    15-16   **daß dem Angeklagten . . . ist?:** that the accused is
    incapable of the monstrous deed with which he had
    been charged.
    20-23   **Herr Shui Ta . . . vorgesehen:** Mr. Shui Ta has the
    reputation in this city of a highly respected business-
    man. He is Vice-President of the Chamber of
    Commerce and is about to be made a J.P. for his
    district.
    26   **Ein übles Subjekt:** a bad lot (cf. un mauvais sujet)
    27 ff.   **Als Präsidentin . . . macht:** As President of the
    Social Welfare Committee I wish to draw the atten-
    tion of the court to the fact that Mr. Shui Ta is not
    only about to give a considerable number of people
    in his tobacco factory the best possible rooms, well
    lit and hygienic, but is also making regular contri-
    butions to our home for the disabled.

p. 232   **26-7**   **ich habe . . . verrichtet:** I did the dirty work.

p. 233   **14-15**   **Warum . . . gebracht?:** Why did you do us out of
    our shop?

p. 234   7   **Sie hat . . . herumposaunt:** She's been trumpeting
    it about everywhere.

p. 235   14   **Schwitzbuden:** sweatshops.
    27-8   **Was nützt . . . werden kann?:** What good is the
    fountain, if you can't draw water from it?

<table>
<tr><td>p. 236</td><td>9</td><td>**Er ist daran schuld:** It's his fault.</td></tr>
<tr><td></td><td>18</td><td>**Weil . . . hattet!:** Because otherwise you would have torn her to shreds.</td></tr>
<tr><td>p. 237</td><td>23</td><td>**Last der guten Vorsätze:** cp. 'Ballen der Vorschriften', p. 203-4.</td></tr>
<tr><td>p. 238</td><td>1-3</td><td>These lines state one of the central problems of the play.</td></tr>
<tr><td></td><td>11</td><td>'Lippe' is the lip of a human being and 'Lefze' the pendulous lip of an animal, so Shen Te means that pity, turning to 'wolfish anger', changed her into a ravening beast of prey.</td></tr>
<tr><td>p. 240</td><td>9</td><td>**mein Leib ist gesegnet:** I am with child.</td></tr>
<tr><td></td><td>12</td><td>**Gehetzt:** with a hunted look.</td></tr>
<tr><td>p. 241</td><td>8 ff.</td><td>An obvious parody of the style and metre of parts of *Faust II*, where there are numbers of lyric passages for which Goethe uses strophes of eight trochaic lines with four stresses and alternating masculine and feminine rhymes.</td></tr>
<tr><td>p. 242</td><td>10</td><td>**Dabei . . . angewiesen:** In this matter (i.e. the open questions) we are forced to apply to you.</td></tr>
<tr><td></td><td>14</td><td>**Vielleicht . . . ein:** Perhaps we couldn't think of anything for sheer terror.</td></tr>
<tr><td></td><td>19</td><td>**Wir sind . . . Scheine!:** We are shattered, and not only just in pretence.</td></tr>
</table>

Select Vocabulary

der Aasgeier, carrion-vulture
  abdanken, to abdicate, retire
der Abfall, falling-off, apostasy
der Abfalleimer, refuse-bucket
  abgemacht, agreed
  abgerissen, ragged
der Abgrund, abyss
  ablassen, to make a reduction
  ablegen, to remove
die Abrechnung, settlement (of accounts)
  abriegeln, to bolt, bar
der Abschaum, scum
  abschlagen, to refuse
der Abschluß, settlement
die Absicht, intention
  absichtlich, purposely
  abtreten, to relinquish, transfer
  abwehren, to ward off
  abweichen, to deviate, swerve, diverge
  abweisen, to reject, send away
  abziehen, to deduct
das Achselzucken, shrug
  acht, sich in acht nehmen, to take care, beware
  achtbar, respectable
die Achtlosigkeit, heedlessness
  ächzen, to groan
  allerdings, to be sure, indeed, by all means
  allerhand, all kinds of
  allgemein, generally
  anbieten, to offer
  anders, otherwise
  andeuten, to indicate, show
sich aneignen, to appropriate

  anerkennen, to recognise
die Anfeindung enmity
  angefault, rotten
  angehen (um etwas), to apply for
die Angelegenheit, matter, affair
  angesehen, respected
der Angestellte, employé
  angreifen, to attack, lay hands on
  anhängen, to be attached to
die Anklage, accusation
  anklagen, to accuse
der Ankömmling, arrival
der Anlauf, run, onset, concourse
  anlügen (log), to lie to, deceive
  anrufen, to invoke, appeal to
der Anschein, appearance
  anscheinend, apparently
sich anschicken, to set about, get ready
der Anspruch, claim
  anständig, decent
  anstoßen, to clink glasses
  anstrengen, to strain
sich anstrengen, to exert oneself
der Antreiber, slave-driver
die Anwesenheit, presence
das Anzeichen, sign
  anzeigen, to denounce
  anzünden, to light, kindle
die Armut, poverty
das Asyl, public shelter
  aufatmen, to breathe a sigh of relief
die Aufbewahrung, storage
  aufbringen, to raise (money)
  auffallen, to strike
  aufgeregt, excited

259

aufheben, to keep, store
aufhören, to cease
aufklären, to clear up
aufräumen, to clear, put in order
die Aufregung, excitement, agitation
der Aufruhr, tumult, riot
aufschütteln, to shake up, arouse
aufsagen, to give notice (to quit)
aufschieben, to put off, delay
der Aufschub, postponement
der Aufseher, foreman
sich aufspielen, to pose as
aufstapeln, to pile up
aufstreben, to aspire, struggle upwards
auftauchen, to appear
der Auftrag, order
auftreiben, to get hold of
aufweisen, to exhibit, produce
aufwiegen, to outweigh
aufwischen, to wipe up, clear
ausbeuten, to exploit
der Ausdruck, expression
ausdrücklich, actually
ausfindig machen, discover
die Ausgabe, outgoings
ausgeschlossen, out of the question
aushalten, to stand
auskommen, to make do with, manage with
die Auskunft, information (plu. particulars)
auslöschen, to put out (a light)
ausnützen, to exploit
ausrichten, to deliver (a message), accomplish
die Aussage, evidence, statement
ausschütten, to pour out
außer sich sein, to be beside oneself
die Aussicht, view, prospect, hope of
der Austausch, exchange
der Ausweg, way out, remedy
sich auszeichnen, to distinguish oneself
die Axt, axe

B

die Backe, cheek
der Balken, beam
der Ballen, bale, bundle
die Baracke, barrack, wretched hovel
das Bargeld, ready money
die Barmherzigkeit, mercy
bedauerlich, regrettably
bedauern, to regret
die Bedingung, condition
die Bedrängnis, distress
befeuchten, to wet
begleichen (eine Schuld), to settle (a debt)
die Begleichung, settlement
das Begräbnis, funeral
begreifen, to grasp, take in
begriffen sein, to be engaged on
beherbergen, to shelter
behelligen, to bother
die Behörde, authority
behüten, to watch over
behutsam, prudent
sich beklagen, to complain
die Bekümmernis, grief, trouble
bekümmert, anxious
belästigen, to annoy
belauern, to lie in wait, watch
die Belegschaft, personnel
beleidigen, to insult
bemächtigen, to get possession of
sich bemühen, to endeavour
das Benehmen, behaviour
benötigen, to need, require
beobachten, to observe
sich bequemen, to conform, put up with
berechtigt, justified
berichten, to report
beschädigen, to damage
beschaffen, to procure
die Beschäftigung, occupation, pursuit
bescheiden, modest, unassuming
Bescheid wissen, to know all about
beschimpfen, to insult, call names

beschlagnahmen, to seize, confiscate

beschleunigen, to speed up

der *Beschluß,* decree

sich *beschweren,* to make complaints

beseitigen, to remove

die *Besinnung,* senses

besorgen, to attend to, see about

bestätigen, to confirm

bestellen, to deliver a message

bestimmt, certainly, definitely

bestimmt zu, intended for

betasten, to feel (trans.)

betrachten, to gaze at, contemplate

betreffend, regarding

betroffen, struck with surprise, perplexed

betrüblicherweise, sad to relate

der *Betrug,* deceit

betrügen, to deceive, cheat

der *Betrüger,* deceiver

betrügerisch, deceitful, fraudulent

die *Bettelei,* begging

der (die) *Bettler (in),* beggar

beunruhigt, disturbed, troubled

beurteilen, to judge, criticise

bevorstehen, to be imminent, await

bevorzugen, to favour

bewahren, to keep, preserve

die *Beziehung,* relationship, connexion

bezeugen, to bear witness, show

die *Bildung,* culture, education

bimmeln, to tinkle

die *Blamage,* disgrace, shame

blaß, pale, faint

die *Bleibe,* hostel, shelter, place to stay

der *Boden,* floor, bottom

der *Bogen,* curve, arc, vault, arch

die *Böschung,* slope

die *Bosheit,* malice, spite, naughtiness

böswillig, malevolent

brauchen, to use, need

der *Brautführer,* best man

der *Brautschmuck,* bridal attire

die *Brennschere,* curling-tongs

das *Brett,* board

brüllen, to roar

die *Bude,* booth, den

der *Buchstabe,* letter, character

sich *bücken,* to bend

die *Bürde,* burden

bürgen, to go surety for

ein *Büroangestellter,* office-worker

der *Bursche,* chap

D

dauern, to last

dickköpfig, obstinate

die *Diebesbande,* band of thieves

der *Diebstahl,* theft

donnern, to thunder

der *Draht,* wire

der *Dreckhaufen,* heap of filth, dung-heap

dringend, urgently, desperately

drohen, to threaten

drücken, to press

dulden, to suffer, endure

der *Dummkopf,* idiot

durchbringen, to get through (money)

sich *durchbringen,* to maintain oneself

durchschauen, to see through

durchsichtig, transparent

dürr, dry, withered

E

das *Eck* (die *Ecke*), corner, angle

die *Ehrabschneidung,* slander

der *Eid,* oath

die *Eigenliebe,* self-love

eigensüchtig, selfish

eigentlich, really

der *Eimer,* bucket

eindrücken, to crush in, flatten

der *Einfall,* sudden idea, brainwave

261

der **Einfluß,** influence
   eingehen, to come to an end, perish
   eingestehen, to confess, admit
   eingreifen, to intervene
die **Einheirat,** marriage into (business, family)
   einig mit, in agreement with
   Einkünfte (plu.), income, rents
   einmalig, unique
die **Einnahme,** takings
   einrichten, to arrange, organise
die **Einrichtung,** fittings, arrangement
   einschärfen auf, to impress on
der **Einspruch,** protest, objection
sich *einstellen,* to appear
   einstig, one-time, former
   einträglich, lucrative
   eintreffen, to arrive, turn up
   einverstanden, agreed
der **Einwand,** objection
   einwenden, to object, demur
   einziehen, pull in, seize, confiscate
   einzeln, single, isolated
sich *ekeln,* to loathe
   elend, miserable
das **Elend,** misery
das **Elendsviertel,** slums
   empfangen, to receive
   empfehlen, to recommend
sich *empfehlen,* to take one's leave
die **Empfehlung,** recommendation
sich *emporarbeiten,* to work oneself up
   endgültig, final
sich *entblöden,* to venture, be ashamed
   enthaupten, to decapitate
   entlarven, to unmask
   entnehmen, to take from, gather from
   entrichten, to settle (an account)
die **Entschlossenheit,** determination
   entschlüpfen, to slip out
   entschwinden, to vanish
   enttäuscht, disappointed

die **Enttäuschung,** disappointment
sich *ereignen,* to happen, occur
   ereilen, to overtake (fig.)
   erfahren, to experience
die **Erfahrung,** experience
   erfreulich, gratifying
   ergeben, devoted
sich *erkundigen,* to inquire
das **Erlebnis,** experience
   erledigen, to deal with, cope with
   erleichtert, relieved
die **Erleichterung,** relief, relaxation
   erleuchtet, illustrious
   ermutigen, to encourage
   ernähren, to feed
der **Eroberer,** conqueror
   erpressen, to blackmail
   erquicken, to refresh
die **Erscheinung,** appearance, look, bearing
die **Erschleichung,** obtaining on false pretences
   erschöpfen, to exhaust
die **Erschöpfung,** exhaustion
   erschrocken, shocked, terrified
   Erspartes (n), savings
   erstarren, to grow rigid
   ersuchen, to request
   erwartungsvoll, full of expectation
   erwehren, to defend
   erweisen, to render (a service), prove
   erwischen, to catch
der **Eßnapf,** food-bowl

F

der **Falke,** falcon
   fällig, due
   fälschen, to forge
   Faust, auf eigene, on one's own responsibility, off one's own bat
der **Faustschlag,** fisticuffs
die **Feindschaft,** enmity
   fesseln, to chain, captivate

die Festung, fortress
die Finsternis, gloom, darkness
  fix, quick, nimble
der Fladen, flat cake
der Fleck, spot, plot (of ground)
  flott, smart
  flüchtig, fleeting
  flüstern, to whisper
die Flut, flood, waters, billows
die Folge, consequence
  fordern, to demand
die Forderung, demand
das Formular, form, schedule
  fortfahren, to continue
sich fortscheren, to be off (slang)
  fraglich, in question
der Freier, suitor
  freilich, to be sure
die Fuchsfalle, fox-trap
der Fürsprecher, advocate
die Fußtapfe, footstep

G

die Gangart, gait
die Gastfreundschaft, hospitality
die Gastlichkeit, hospitality
das Gaul, horse
der Gauner, rogue, swindler
das Gebot, commandment, precept
  gebrechen (imp.), to lack
  gedämpft, under one's breath
  gedeihen, to thrive
  gedenken (gen.), to remember
die Geduld, patience
sich gedulden, to have patience
den Gefallen tun, to be so kind as to
die Gefälligkeit, favour
das Gefängnis, prison
  gefaßt auf, prepared for
der Gegendienst, reciprocal service
der Gegensatz, contrast
  gegenseitig, mutual, opposite
  geheim, secret
  geheimnisvoll, mysterious
  gehören, to belong
der Geier, vulture

der Geist, spirit
  geistesabwesend, absent-minded
  geizig, miserly
das Gelaß, room
der Geldbeutel, purse
die Gelegenheit, opportunity
das Gelenk, joint
  gelingen (imp.), to succeed
  gelten, to be valid, pass for
  geltend machen, to urge, plead
  gemächlich, casually, comfortably
  gemeinhin, generally
  genau, exact
  genießen, to enjoy
  genügen, to suffice, satisfy
  genügsam, contented, easily satisfied
  gerade, just
  geraten in, to get into (fig.)
das Gerät, gear
das Gerede, talk, rumour
das Gericht, court of justice, judgment, tribunal
das Gerichtslokal, courtroom
das Gerichtstermin, court-business
  geringst, least
der Geruch, scent, smell
das Gerücht, rumour
  geschickt, skilful
das Gesindel, rabble
die Gesinnung, disposition, sentiment
  gesinnt (gut), (well) disposed
das Geständnis, confession
  gestatten, to allow, permit
  gestehen, to confess
das Gestirn, stars, constellation
das Gesträuch, bushes
  gestreng, stern
die Gewähr, security
  gewähren, to grant, afford
die Gewalt, force
  gewalttätig, violent, brutal
das Gewerbe, trade, craft
die Gier, inordinate desire
  gierig, greedy
das Gitter, bars, trellace

263

der **Gläubiger**, creditor
  gleichen, to resemble
die **Gleichgültigkeit**, indifference
  gleichmütig, calm, even-tempered
das **Gleichnis**, parable, allegory, simile
die **Gosse**, gutter
der (die) **Greis** (*in*), old man (woman)
die **Grenze**, boundary, limit
der **Griff**, grip, clutches
  grinsen, to grin
der **Grund**, reason
  gründen, to found
  günstig, favourable
die **Güte**, goodness

H

Habseligkeiten (*plu.*), possessions, belongings
der **Hahnenschrei**, cock-crow
der **Hals**, neck
der **Halsabschneider** (*in*), cut-throat, usurer
  Halt bieten, to show firmness
die **Haltung**, deportment, mien
der **Halunke**, rogue, scoundrel
sich handeln um, to be a matter of, to concern
der **Handwerker**, artisan
das **Handwerkzeug**, tools
  häßlich, ugly
die **Hauptsache**, main thing
der **Hausrat**, household furniture
die **Haut**, skin
der **Hebeldruck**, pressure on a lever
  heimlich, secret
  heimsuchen, to visit, afflict
die **Heiratsannonce**, marriage advertisement
  heiser, hoarsely
  heißen, to be called, bid, mean
  heiter, cheerful
die **Herabminderung**, lessening, reduction
  herausrücken, to hand over
  herausschlagen, to make (money)

sich herausstellen, to turn out, transpire
  herrisch, domineering
  herrschen, to rule
  herstammen, to come from
sich herumtreiben, to loiter about, gad about
  heuchlerisch, hypocritically
  hinausschieben, to postpone
sich hinschleichen, to creep along
  hinschmeißen, to fling down
  hinzufügen, to add
die **Hirse**, millet
  hocken, to crouch, squat
  hökern, to huckster
  husten, to cough
die **Hut**, guard

I

  immerhin, after all, always
  imstande sein, to be in a position to
  innehalten, to stop, pause
  inspizieren, to inspect
  instandsetzen, to repair, get ready
sich irren, to be mistaken
der **Irrtum**, mistake

J

das **Jahrzehnt**, decade
der **Jammer**, misery (*Es ist ein J.* It's a thousand pities)

K

das **Kanalrohr**, sewer pipe
der **Kehrichteimer**, refuse-bucket
die **Kehrichttonne**, rubbish-bin
  keusch, modest, chaste
der **Kies**, gravel
der **Kindesentführer**, kidnapper
die **Kirsche**, cherry
der **Kitzel**, tickling, appetite

die Klage, lament
klatschen, to clap
kleben, to stick
klingen, to sound
knurren, to growl
das Kontor, office, counting-house
der Körper, body
der Kragen, collar
der Kranich, crane
kreisen, to circle
krumm, crooked
kühn, bold
sich kümmern um, to care about, grieve about
der Kunde, customer
die Kupfermünze, copper-coin

sich leisten, to allow oneself
leugnen, to deny
der Leumund, reputation, rumour
die Liebkosung, caress
löchrig, full of holes
locken, to entice, attract
der Lohn, pay, salary
das Lokal, place, shop
das Los, fate
die Lösung, solution
loswerden, to get rid of
die Lücke, gap
die Lüge, lie
lügen (log), to lie
der Lump, rogue, good-for-nothing
das Lumpenpack, riff-raff, rabble
lumpig (slang), lousy

L

lächerlich, ridiculous
der (die) Ladeninhaber (in), shop-owner
die Lage, situation, position
langen nach, to reach after
die Last, load, burden
der Laufpaß, passport (*den Laufpaß bekommen*, to get one's congé)
die Laune, mood, whim
läutern, to purify
die Lebensrente, life-annuity
der Lebenswandel, conduct, life
lechzen, to be parched with thirst
lediglich, merely
die Lefze, (animal's) lip
der Leib, body
leibhaftig, corporeal, real
leichtfertig, frivolous, volatile, wanton
der Leichtsinn, levity, thoughtlessness
leichtsinnig, frivolous
das Leid, suffering
die Leidenschaft, passion
leider, unfortunately
leihen, to lend
das Leinen, linen

M

der Magen, stomach
der Mangel, lack, want
mannigfaltig, manifold
die Mappe, brief-case
das Maß, measure
die Maßnahme, measure (fig.)
der Maulbeerbaum, mulberry-tree
maulen (coll.), to sulk
der Melonenhut, bowler-hat
der Meineid, perjury
merkwürdig, strange, remarkable
messen, to measure
die Miene, look, expression, bearing
die Miete, rent
mißdeuten, to misinterpret
mißtrauisch, suspicious
das Mißverständnis, misunderstanding
das Mitleid, pity
Mittel(plu.), means
mitunter, at times, now and then
der Mörder, murderer
die Morgendämmerung, dawn
mühselig, difficult, toilsome
der Mülleimer, rubbish-bucket
mürrisch, grumpy

265

N

die Nachforschung, investigation
nachfragen, to make inquiries
nachkommen, to meet (demands)
die Nachlässigkeit, negligence
die Nachsicht, indulgence, forbearance
die Nächstenliebe, (christian) charity
das Nachtlager, night's lodging, bed
nach und nach, gradually
namhaft, specified, well-known
nämlich, in fact
naß, wet
die Närrin, idiot
das Nebenzimmer, adjoining room
die Neige, dregs
die Neigung, liking, inclination
neugierig, curious
der Nichtsnutz, good-for-nothing
nötig haben, to need
nötigen, to oblige, press
notwendig, necessary
nüchtern, sober (*mit nüchternem Magen,* fasting)
nunmehr, henceforth, by this time
der Nußbaum, nut-tree
Nutzen ziehen, to turn to advantage, make use of

O

das Obdach, shelter
obdachlos, homeless
die Oberflächlichkeit, superficiality
ohnmächtig werden, to faint
das Opfer, sacrifice
opfern, to sacrifice
ordentlich, proper, respectable
ordinär, common

P

passen, to suit, fit
das Pech, pitch, bad-luck
der Peiniger, tormentor
pfeifen, to whistle

der Pfirsich, peach
pflegen, to care for, be accustomed to
die Pflicht, duty
pflichteifrig, zealous
der Platzregen, downpour
plump, ill-bred, coarse
preisen, to praise, extol, glorify
die Probezeit, trial period
probieren, to try on
der Prokurist, confidential clerk
die Prostituierte, prostitute
prüfen, to examine, scan
prügeln, to beat

Q

das Quartier, quarters
quatschen, to talk bosh
die Quelle, source, foundation
quietschen, to scream, creak

R

rabiat, furious, raving
die Rampe, ramp, footlights
der Rand, edge, brink
der Rat, advice, piece of advice
sich raufen, to fight, scuffle
räumen, to clear, vacate
rauschen, to rustle
rechtschaffen, upright, honest
die Rederei, gossip
regelmäßig, regular
regeln, to regulate
das Reich, empire
das Reisig, brushwood
reißen, to snatch
reizbar, irritable
reizen, to irritate
der Richter, judge
der Riegel, bolt, bar
der Rinnstein, gutter, sink
roden, to clear (woods)
rücken, to shift
die Rücksicht, regard, consideration
der Ruf, call, reputation
die Rührung, emotion, compassion

266

S

der *Saal*, hall
sachte, softly
die *Säge*, saw
das *Salznäpfchen*, salt-bowl
der *Sarg*, coffin
saufen, to drink (coll.)
schaden, to harm, injure
der *Schadenersatz*, damages
schaffen (*wk.*), to get (*Rat schaffen*), to find a way out
die *Schale*, bowl, shell, peel
die *Schande*, shame, disgrace
der *Schatten*, shade, shadow
schätzen, to esteem
das *Schaufenster*, shop-window
scheiden, to separate, depart
scheinbar, apparently
scheißen (*vulgar*), to ease oneself, excrete
scheitern, to be shipwrecked
scheuen, to shrink from
schelten, to scold
die *Schicklichkeit*, propriety, good-breeding
das *Schicksal*, fate
schief, crooked
schieläugig, squinting
schielen, to squint, cast furtive glances at
der *Schieler*, squinting person
das *Schilf*, reeds, sedge
schimpfen, to insult, abuse
schinden, to skin, harass, fleece
die *Schlachtbank*, shambles
der *Schlachterhund*, butcher's dog
der *Schlachthof*, slaughter-house
der *Schlamm*, mud
schleifen (*wk.*), to drag
schlendern, to stroll
schleppen, to drag
schleunigst, as quick as possible
schlimm, bad
schluchzen, to sob
der *Schluck*, sip
die *Schmach*, shame, insult
die *Schmähung*, abuse

der *Schmarotzer*, sponger
schmeichelhaft, flattering
schmeißen, to chuck
schmutzig, dirty
schnaufen, to breathe heavily
schonen, to spare
der *Schreiner*, cabinet-maker
das *Schriftzeichen*, letter, character
der *Schuft*, scoundrel
schuften, to slave, toil
die *Schuld*, debt, fault
schulden, to owe, be indebted to
der *Schutthaufen*, heap of rubbish
schützen, to protect
der *Schützling*, protégé
die *Schwäche*, weakness
der *Schwager*, brother-in-law
die *Schwägerin*, sister-in-law
schwanger, pregnant
schwanken, to waver, hesitate, totter
schweben, to hover
die *Schwelle*, threshold
der *Schwindel*, fraud, vertigo
schwindeln (*imp.*), to be dizzy
schwindlig, dizzy
schwitzen, to sweat, perspire
der *Schwur*, oath
die *Sehnsucht*, longing
Seifenvorräte (*plu.*), soap supplies
der *Selbstmörder*, suicide
der *Seufzer*, sigh
sieden, to boil, seethe
siegen, to conquer, gain the victory
die *Sinnlichkeit*, sensuality
die *Sitzung*, meeting, session
der *Smoking*, dinner-jacket
sonstwohin, somewhere else
die *Sorge*, care, worry (*sich Sorge machen*, to worry)
sich sorgen um, to trouble about
die *Speisung*, feeding
die *Spinne*, spider
spüren, to trace, feel
der *Stab*, bar

das **Standbild**, statue
   stattfinden, to take place
der **Staub**, dust
   staubig, dusty
der **Staudamm**, barrage
   steif, stiff
die **Stellage**, stand
das **Stelldichein**, tryst
   stellungslos, out of work
der **Stempel**, postmark
die **Steuer**, tax
   steuern, to check, put a stop to
   Stich: im Stich lassen, to leave in the lurch
die **Stimmung**, mood, atmosphere
der **Stockfisch**, blockhead
   stolpern, to stumble
   stolzieren, to strut
   stören, to disturb
   störrisch, stubborn
die **Strafe**, punishment
das **Streben**, striving
   streichen, to erase, cancel
der **Streit**, quarrel
   streng, stern
der **Strick**, cord, rope
der **Strohhalm**, straw
der **Stummel**, stump
   stürzen (trans.), to hurl, precipitate
die **Stütze**, prop, support

T

die **Tapferkeit**, bravery
der **Tatbestand**, facts of a case
   tatsächlich, in fact, as a matter of fact
   tätscheln, to stroke
   tauschen, to exchange
   teilhaftig werden, to partake of, share in
   teilnehmen, to take part in
der **Teppich**, carpet
der **Teppichhändler**, dealer in carpets
die **Tiefe**, depth

   toben, to fume, bluster
der **Todfeind**, deadly enemy
   sich trauen, to venture, make so bold as to
   treffen, to hit off (a likeness)
   treiben, to drive
die **Treue**, loyalty
   triefen, to drip
   triftig, valid, conclusive
der **Tropfen**, drop
   trotzen, to defy
   trüb, dull
die **Tugend**, virtue
der **Türbalken**, doorpost
die **Türschwelle**, threshold
die **Tüte**, paper-bag

U

   übel, evil, bad
   übelnehmen, to take in bad part
das **Überbleibsel**, residue, remains
der **Übereifer**, over-great zeal
   überführen (insep.), ro convince, convict
   übergeschnappt, cracked
   überhaupt, really, on the whole, at all
   überlaufen, to inundate, pester
   überlegen, to think over
die **Überraschung**, surprise
die **Überschwemmung**, inundation
   überspülen, to wash over
die **Übertreibung**, exaggeration
   überzeugen, to convince
   üblich, usual
   übrig, over, to spare
   übrigens, moreover, besides
   um sein, to be over, be gone
   sich umdrehen, to turn round
der **Umfang**, circumference
   umkippen, to capsize, turn upside down
   umkommen, to perish
der **Umsatz**, turnover
   umsichtig, prudent

der Umstand, circumstance
   umstoßen, to overturn, overthrow
   umtauschen, to exchange
die Unbarmherzigkeit, harshness, cruelty
   unbedingt, absolute, definite
   unbegrenzt, unbounded, unlimited
   unbegreiflich, incomprehensible
   unbemittelt, without means, poor
   unbesorgt sein, not to worry
die Unbilligkeit, injustice
   unerträglich, intolerable
die Ungelegenheit, inconvenience, trouble, difficulties
das Ungemach, trouble, evil
die Ungeschicklichkeit, awkwardness, gaucherie
   ungeziemend, improper
   unheilvoll, harmful
der Unmensch, monster
   unschlüssig, undecided
   unseretweg, on our account
der Unsinn, nonsense
die Untat, outrage, monstrous crime
   unterbrechen, to interrupt
   unterbringen, to shelter, lodge, accommodate
   untergehen, to perish
   unterhaltsam, fascinating, entertaining
   unterkommen, to find shelter or employment
die Unterkunft, shelter, lodging
das Unternehmen, enterprise, firm
der Unterschied, difference
der Unterschlupf, shelter, refuge
die Unterschrift, signature
   unterstellen, to put under cover
   unterwegs, on the way
   sich unterwerfen, to submit
   unterzeichnen, to sign
das Untier, monster
   unverkennbar, unmistakable
das Urteil, judgment

V

   sich verabschieden, to take leave of
   verändert, changed
   veranlassen, to cause, occasion, induce
   verantworten, to answer for, account for
   verarbeiten, to manufacture
   verbergen, to hide
   verbrechen, to commit a crime, do wrong
   sich verbeugen, to bow
   verderben, to perish
   verdienen, to earn, deserve
der Verdienst, profits, gains
   verehren, to reverence
die Verehrung, respect, reverence
die Verehelichung, marriage
   vereiteln, to thwart, frustrate
   verfallen, dilapidated
   verfault, rotten
   verfehlen, to miss, mistake
   verfügen, to dispose, arrange
   Verfügung, zu ihrer, at her disposal
die Verführung, temptation
   vergelten, to reward, recompense
   vergeuden, to waste
die Vergewaltigung, assault, rape
   verhaften, to arrest
die Verhaftung, arrest
das Verhalten, behaviour, attitude
das Verhältnis, relationship [plu., conditions, circumstances)
   verhandeln, to bargain with, deal with
die Verhandlung, negotiation proceedings
   verhehlen, to conceal
   verhungern, to starve
   verkommen, depraved
   verlangen, to demand
   sich verlassen auf, to rely on
   verletzlich, vulnerable
   verlegen, embarrassed
   verleiten, to lead astray, induce
   verloben, to betroth

die Verlobung, engagement
vermeiden, to avoid
Vermögensverhältnisse (plu.), financial position
vermuten, to presume
vermutlich, presumably
die Vernunftheirat, marriage of convenience
vernünftig, sensible
verpfänden, to pawn, mortgage
verramschen (*slang*), to sell dirt cheap
verraten, to betray
verrichten, to do, perform
verrückt, crazy
versäumen, to miss, neglect
verschaffen, to get, procure
verschimmeln, to get mouldy
die Verschlagenheit, cunning
verschmachten, to pine, long for
verschneiden, to cut off, spoil in cutting
verschonen, to spare
verschütten, to spill
verschwinden, to vanish
versetzen, to pawn, displace
versichern, to assure
versiegen, to dry up
verständigen, to inform of, acquaint with
verstecken, to hide
verteidigen, to defend
die Verteidigung, defence
vertrauen, to trust
das Vertrauen, confidence
vertrauensvoll, trustingly
der Verwalter, manager
verwandeln, to change
verwinden, to overcome, get over
verwirrt, confused
verwischen, to be wiped away
verwöhnen, to spoil, pamper
der Verzicht, renunciation
verzichten auf, to renounce
verzweifeln, to despair
die Verzweiflung, despair
der Vieheinkäufer, cattle-dealer

der Viehhof, stock-yard
das Viertel, district
vollkommen, completely
vollständig, entirely
die Vorauszahlung, payment in advance
vorbereiten, to prepare
voreingenommen, prejudiced
vorenthalten, to keep back, withhold
der Vorfall, event, incident
vorhanden sein, to exist, be on hand
der Vorhang, curtain
das Vorkommnis, occurrence
vorläufig, for the time being
die Vorliebe, predilection
vorliebnehmen, to put up with
vornehm, grand, high-class
der Vorrat, supply, store, stock
der Vorsatz, intention
der Vorschlag, suggestion
vorschlagen, to propose, suggest
vorschweben, to hover before
vorsichtig, cautious
vorsprechen, to call on
die Vorstadt, suburb
sich vorstellen, to introduce oneself
der Vorteil, advantage
(Vorteil ziehen, to derive advantage)
vorwerfen, to reproach
der Vorwurf, reproach

W

die Wache, guard, police-station
wagen, to dare
die Wahl, choice
wählen, to choose
die Wahrhaftigkeit, veracity
die Wankelmütigkeit, fickleness
wegfegen, to sweep away
die Wegrichtung, direction
wegschnappen, to snatch away, carry off
sich wehren, to resist, defend oneself

die Wehrlosigkeit, defencelessness
die Weide, pasture
weigern, to refuse
die Wendung, change, turn
wetten, to wager
wichtig, *important*
die Widerrede, contradiction
widerstreben, to resist
die Wiege, cradle
wimmeln von, to teem, swarm with
der Wink, hint
winken, to wave, beckon
winzig, tiny
die Wirtsleute, host and hostess
die (der) Witwe(r), widow(er)
der Witz, joke
wohlgenährt, well-fed
wohlgestaltet, well-built
der Wohlstand, prosperity
der Wohltäter, benefactor
die Wolke, cloud
die Wollust, delight
das Wunderwerk, miracle
die Würde, dignity
würdig, worthy, dignified
die Würgung, choking, strangling
die Wüste, desert
die Wut, rage, fury

Z

zahm, tame
der Zahn, tooth
der Zauber, magic, spell, charm
zaudern, to hesitate
das Zeichen, sign, signal
zerfallen, tumbledown
zerren, to tug
zerschmettern, to shatter, overwhelm
zerstören, to destroy

zertreten, to tread underfoot
zerzaust, dishevelled
der Zettel, slip of paper, note
der Zeuge, witness
zeugen, to bear witness
das Zeugnis, witness, evidence
die Ziehmutter, foster-mother
das Ziel, aim, objective
zittern, to tremble
zögern, to hesitate
der Zorn, anger
zornig, angry
der Zufall, chance
zufällig, chance (adj.)
die Zuflucht, refuge
der Zug, impulse
zugegen, present
zugreifen, to seize, help oneself to, bear a hand
zugrunde gehen, to perish
zulassen, to permit
zumindest, at least
die Zukunft, future
zukünftig, future (adj.)
zunächst, first
zupacken, to grab
zupfen, to pluck, pick
die Zurückhaltung, reserve
zurückschrecken, to shrink from
zusagen, to suit, be to one's taste
zusammenpferschen, to coop up
zusammenzucken, to start, quiver
zuschandenschlagen, to beat black and blue
die Zusicherung, assurance
zusperren, to close, bar
zuziehen, to draw together, incur
der Zweifel, doubt
zweifelhaft, dubious, doubtful
zweifeln, to doubt
zweiflerisch, sceptical
zwingen, to force